NEW ORLEANS:
A BILINGUAL CULTURAL
ENCYCLOPEDIA

NEW ORLEANS:
ENCICLOPEDIA CULTURAL BILINGÜE

María Elena Amador

NEW ORLEANS:
A BILINGUAL CULTURAL ENCYCLOPEDIA

NEW ORLEANS:
ENCICLOPEDIA
CULTURAL BILINGÜE

María Elena Amador

iUniverse, Inc.
New York   Bloomington

New Orleans: A Bilingual Cultural Encyclopedia
New Orleans: Enciclopedia Cultural Bilingüe

A CD with more than 300 fotographs of the city, before and after Hurricane Katrina, can be requested from the author at the same email address.

iUniverse books may be ordered through booksellers or by contacting:

iUniverse
1663 Liberty Drive
Bloomington, IN 47403
www.iuniverse.com
1-800-Authors (1-800-288-4677)

ISBN: 978-1-4401-2283-5 (pbk)
ISBN: 978-1-4401-2284-2 (ebk)

Amador, Maria Elena
NEW ORLEANS: A BILINGUAL CULTURAL ENCYCLOPEDIA
English-Spanish

Includes bibliography and research places of interest

Printed in the United States of America

iUniverse rev. date: 3/23/2009

To Rebecca Eugenia,
native daughter of New Orleans

A Rebecca Eugenia,
hija nativa de New Orleans

CONTENIDO

CONTENTS

PREFACIO

La ciudad de New Orleans no es solamente un lugar geográfico en el mapa político de los Estados Unidos. Más que nada, New Orleans es un "estado mental" con una psicología y un ambiente propios. Para el antropólogo urbano, New Orleans es un "gumbo cultural", un arco iris racial, una ensalada demográfica, una olla de lenguas fundidas en una, un mosaico único de arquitectura y la Meca de la música. New Orleans tiene un lenguaje propio, una tradición culinaria característica, y una cultura política legendaria. New Orleans mezcla la gracia, tranquilidad y alegría de vivir del viejo mundo con el dinamismo y vivacidad del nuevo mundo, para producir lo que bien se puede describir como la "mezcla perfecta", culturalmente hablando. En los Estados Unidos, no existe ninguna otra ciudad parecida a New Orleans.

Esta enciclopedia bilingüe intenta develar el misterio de la psicología de New Orleans para aquellos visitantes de habla española, así como para los inmigrantes hispanos, residentes permanentes o temporales de la ciudad. La enciclopedia explica en español y en inglés las bases u origen de tantas palabras y frases que son típicas de New Orleans, desenhebrando y aclarando el significado de algunas de las tradiciones y celebraciones locales, proveyendo las perspicacias culturales de los habitantes "transplantados" de New Orleans. Esta enciclopedia está dividida en diez secciones. Cada sección contiene una lista de palabras en inglés con traducción al español, así como su significado, de acuerdo a la tradición cultural. Las **Celebraciones Locales** están en una lista de acuerdo a las fechas en que ocurren durante el año, no en orden alfabético. Para completar el significado de estas celebraciones, así como el de aquellas palabras relacionadas con la geografía y la comida locales, las palabras en *cursivas* se definen, en orden alfabético, en las secciones subsiguientes.

PREFACE

New Orleans is not just a geographical location on the political map of the United States. More than anything else, New Orleans is a state of mind with its own distinct psyche and ambiance. To the urban anthropologist, New Orleans is a cultural gumbo, a racial rainbow, a demographic salad bowl, a linguistic melting pot, a mosaic of unique architecture and a musical Mecca. New Orleans has a language of its own, its own special cuisine and a legendary political culture. New Orleans blends the charm , tranquility and "joie de vivre" of the old world with the vibrancy and dynamism of the new world to produce what can be best described as a cultural "mélange parfait". There is no other place quite like New Orleans in the United States.

This bilingual encyclopedia attempts to unravel the mystique of the New Orleans psyche for the Spanish-speaking visitor and the Hispanic permanent resident, as well as the temporary immigrant to the city. It does so by explaining in both English and Spanish the cultural underpinnings of the many words and phrases that are endemic to New Orleans by clarifying some of the local traditions and celebrations and providing an insight into some of the practices of the denizens of New Orleans. The guide is divided into ten sections. Each section contains a list of words in English with their Spanish translation as well as their meaning, according to the cultural traditions. The **Local Celebrations** are listed by dates when they are held during the calendar year, not in alphabetical order. To complete the meaning of these celebrations, as well as of the words related to the local geography and cuisine, words in *italics* are defined in alphabetical order in the subsequent sections.

Los hispano-parlantes usamos un extenso vocabulario de sinónimos, dependiendo de nuestro país de origen. En esta obra trato de proveer el vocabulario español de mayor uso para definir y describir los eventos culturales y el *patois* local. Con frecuencia, el lector encontrará dos o tres palabras en español para la misma palabra en inglés o en francés, según el caso, puesto que cualquiera de esos términos son de uso en los diferentes países de América Latina y España.

(Leyenda en fotografía de página 7: "New Orleans: En 1699, Bienville e Iberville al principio la vieron como un portillo que los indios nativos usaron al Lago Pontchartrain y al Golfo.
Fundada por Bienville en 1718 y nombrada por él en honor del Duque de Orleans, regente de Francia. Llamada Cuarto Creciente por su posición en una curva del Mississippi.")

Spanish speakers use an extensive array of synonyms, depending on their country of origin. In this encyclopedia, I try to provide the most commonly used vocabulary for the definition and description of the cultural events and local *patois*. Often, the reader will encounter two or three equivalents in Spanish for the same concept in English or French, as the case may be, since any of these terms are used in different Latin American countries as well as in Spain.

Brief history of the city.

ESTA ENCICLOPEDIA

- Facilita la comprensión para quienes tienen limitaciones con el idioma inglés.

- Incluye palabras de origen africano, español, francés, inglés, italiano, e indígena nativo.

- Traduce todos los términos al español, aunque dentro del texto utiliza el vocabulario en uso actual, cualquiera que sea su origen.

- Incluye un modelo original de pronunciación fonética para hispanohablantes.

- Ayuda a comparar visualmente los dos idiomas: español e inglés.

- Resalta los nombres de personajes históricos, y sus contribuciones a la ciudad son explicadas cuando el texto lo permite.

- Recopila información obtenida de fuentes originales, escritas y habladas.

- Incluye definiciones para el vocabulario cultural y social de New Orleans, no para todo el estado de Louisiana.

THIS ENCYCLOPEDIA

- Facilitates the understanding of terms for those with limitations in English.

- Includes words of African, Spanish, French, Italian, English, and Native American origins.

- Translates all entries, but inside the text uses the words as they are used today, whatever their origin.

- Includes an original phonetic pronunciation method for Spanish speakers.

- Helps to visualy compare the two languages: Spanish and English.

- Names of people of historic influence in the city are stressed in bold, and their contributions are explained whenever permitted within the text.

- Compiles information obtained from original sources, written and spoken.

- Includes definitions for the cultural and social vocabulary of New Orleans, but not for the entire state of Louisiana.

RECONOCIMIENTOS

Muchas personas han sido importantes fuentes de información para el desarrollo de esta aventura cultural. La Sra. Mary Beauchamp, amiga y compañera de trabajo, hija nativa de esta ciudad, "archivo viviente", profunda conocedora de la música, de la comida y de la idiosincrasia popular auténtica de New Orleans. La Sra. Gloria Harper, nativa de Mississippi y residente de New Orleans por más de 50 años, con su característico buen humor y "joie de vivre", amiga, consejera y compañera de labores. El Sr. Jimmy Magee, compañero de labores, músico de jazz, parlanchín y dicharachero, siempre dispuesto a "tomar una taza de café y conversar sobre nuestra manera de ser". La Srta. Venola Jones, compañera de trabajo siempre anuente a conseguirme cualquier material en otras bibliotecas. La Srta. Beverly Harris, también compañera de labores, así como muchos de mis estudiantes, por sus constantes preguntas acerca de mi cultura nativa, para compararla con la suya, con lo cual me obligan a pensar en nuevas formas de traducir algún concepto. Todos los cocineros nativos con quienes intercambié recetas, información, ideas y comidas. Los músicos locales: sin advertirlo, me inspiraron durante tantos Festivales de Jazz a los que asisto regularmente para escuchar y bailar al son de sus instrumentos. Los miembros de la Organización de Ayuda Social y Diversiones Zulu, quienes sembraron mi interés en la cultura del *Mardi Gras*. Charlie: nuestro jardinero, pintor y ayudante en labores múltiples en la casa, con su típico acento sureño y buenos modales. Mi hija Rebecca Eugenia y mi esposo Christopher, quienes han apoyado, leído, criticado y editado este proyecto en los dos idiomas. La Dra. Julia E. Patiño, amiga, educadora, quien ha leído y corregido la versión en español. La Sra. Florence Smythe-Macaulay, amiga, maestra, y nativa de New Orleans: ella leyó, criticó, aconsejó y lloró, recordando "todas las cosas de New Orleans". ¡Gracias a todos!

ACKNOWLEDGEMENTS

Many people have contributed information toward the development of this cultural adventure. Mrs. Mary Beauchamp: a coworker and friend, native daughter of this city, "living archive", deeply knowledgeable of the music, of the food, and of the authentic popular idiosyncrasies of New Orleans. Mrs. Gloria Harper: a native of Mississippi and resident of New Orleans for over 50 years, with her characteristic good sense of humor, "joie de vivre", friend, adviser and coworker. Mr. Jimmy Magee, coworker, jazz musician, talkative and tale-teller, always ready "to have a cup of coffee and discuss our ways". Ms. Venola Jones: a coworker always inclined to fetch me the books or any other materials I needed, from other libraries. Ms. Beverly Harris, a co-worker, as well as my students, for their constant questioning about my native culture, so that they could compare that to their own, and forcing me to think of new ways to properly translate some concepts. All the native cooks with whom I exchanged recipes, information, ideas, and foods. The local jazz musicians: unaware of it, they inspired me during the many Jazz Festivals to which I frequently go to listen and dance to the beat of their instruments. Members of the Zulu Social Aid and Pleasure Club, for inadvertently introducing and engaging me in the *Mardi Gras* culture. Charlie: our gardener, painter and handyman, with his typical southern accent and good manners. My daughter Rebecca Eugenia and my husband Christopher: they encouraged me, read, criticized, and edited this project in both languages. Dr. Julia E. Patiño: friend and educator; she read and edited the Spanish version of this work. Mrs. Florence Smythe-Macaulay, a friend, a teacher, and native of New Orleans: she read, criticized, advised, and cried, while remembering "all things New Orleans". Thank you all!

1
CELEBRACIONES LOCALES

"Laissez les bons temps rouler".
"Dejemos que corran los buenos tiempos"
(Refrán popular)

Se dice que la ciudad de New Orleans no requiere de excusas para tener una celebración; hay festivales de tomates, de fresas, de ostras, de pescados, de arte, religiosos, patrióticos, étnico-culturales y hasta desfiles fúnebres. En esta sección se incluyen las celebraciones más importantes, de acuerdo al orden cronológico en que se realizan dentro del calendario anual. Las expresiones derivadas de estas celebraciones se alfabetizan en una sección separada, para evitar la aglomeración de definiciones.

Pancarta de anuncio del Festival de Verano Satchmo en el Old Mint.

1

LOCAL CELEBRATIONS

"Laissez les bons temps rouler".
"Let the good times roll".

(Popular saying)

It is said that New Orleans does not need excuses to celebrate; there are festivals of all kinds: a tomato festival, a strawberry festival, a fish and oyster festival, art, religious and patriotic festivals, as well as ethno-cultural festivals and even funeral parades. This section includes the most important celebrations in the chronological order of the dates when they are held during the calendar year. Expressions derived from these festivities or celebrations are alphabetized in a different section, to avoid cluttering.

A float passing by Canal St. during carnival season.

DE ENERO A DICIEMBRE EN UN VISTAZO

SUGAR BOWL = TAZÓN DE AZÚCAR: Este es el evento deportivo anual más antiguo; este juego clásico de fútbol americano se originó en 1935, y hasta el año 1974 se jugó en el estadio de *Tulane University*, que estaba localizado en lo que había sido una plantación de azúcar. Después de esta fecha, se ha jugado en el *Superdome*. Se celebraba el 1° de enero, entre los dos mejores equipos de las universidades del país. En tiempos actuales, el partido se juega durante los primeros días de enero.
(Se dice: **shúgar boul**).

EPIPHANY=EPIFANÍA: Festividad que se celebra el 6 de enero cuando se conmemora la adoración del Niño Jesús por los Reyes Magos. De acuerdo a la tradición religiosa cristiana, estos Reyes le llevaron regalos al Niño Jesús. Por esta razón, en algunos países los regalos se les daban a los niños durante este día, y no durante el día de Navidad, como lo generalizó posteriormente este país. En New Orleans, este día es el día oficial del comienzo de la época de carnaval. También se le conoce como *Doceava noche*.
(Se dice: **epífani**).

TWELFTH NIGHT BAL MASQUÉ=TWELFTH NIGHT BALL= BAILE DE MÁSCARAS DE LA DOCEAVA NOCHE: Este baile lo celebra la organización social *Twelfth Nights Revelers* doce días después de Navidad, durante la celebración de *Epifanía*. Hoy en día se considera que la temporada de carnaval se oficializa cuando se celebra dicho baile. (Se dice: **tuélf-nait bal maské**).

FROM JANUARY TO DECEMBER AT A GLANCE

SUGAR BOWL: This is the oldest annual sports event. This classic college football game originated in 1935, and up until 1974, it was played on New Year's Day at *Tulane University Stadium*, a former sugar plantation, in uptown New Orleans. The tradition continues at the *Superdome*, althgough in modern days, the game is played during the first days of January, not necessarily on the first.

EPIPHANY: In the Catholic tradition, the 6th of January is the day of adoration of Baby Jesus by the Three Wise Kings from the Orient. On this day, the Wise Kings offered gifts to the Baby. Thus, the practice of gift-giving on the 6th of January was part of the Catholic tradition, and not on Christmas Day, as it became the general practice according to this country's tradition. In New Orleans, this date marks the beginning of carnival season. This day is also known as *Twelfth Night*.

TWELFTH NIGHT BAL MASQUÉ=TWELFTH NIGHT BALL: This ball is celebrated by the *Twelfth Nights Revelers* exactly twelve days after Christmas, on the evening of the *Epiphany*. The celebration of this ball is the official starting date of carnival season.

BATTLE OF NEW ORLEANS ENACTMENT= REPRESENTACIÓN DE LA BATALLA DE NEW ORLEANS:

El recordatorio se celebra el 8 de enero de cada año con una representación teatral donde los actores son generalmente individuos que han pertenecido a algún batallón. Los espectadores pueden tomar parte en algunas de las actividades. En junio de 1812 los Estados Unidos le declaran la guerra a Inglaterra. Aunque el tratado de paz ya se había firmado en diciembre de 1814, dando por terminada la guerra, los batallones del sur desconocían la noticia. La Batalla de New Orleans se peleó el 8 de enero de 1815 en el área de Chalmette, en la Parroquia de Saint Bernard. El General **Andrew Jackson** estaba determinado a defender la ciudad de New Orleans, y su exitosa misión le dio un lugar heroico en la historia de la ciudad. (Se dice: **bádl ov nu-órlens**).

MARTIN LUTHER KING, JR. PARADE= DESFILE DE MARTIN LUTHER KING, JR. (MLK Jr., por sus siglas en inglés).

El desfile se celebra en conmemoración del día del cumpleaños de este líder de los *derechos civiles*. Aunque hoy en día hay desfiles similares en muchas ciudades del país, es importante notar que el movimiento pacifista para la igualdad civil de todos los ciudadanos, blancos y negros, ricos y pobres, empezó precisamente en New Orleans, en 1957 con la fundación de la **Conferencia de líderes cristianos del sur (Southern Christian Leadership Conference)**. Sin embargo, es común asociar a este líder, así como al movimiento pacifista, con las ciudades de Birmingham (Alabama) y Atlanta (Georgia) únicamente. La población de New Orleans, en todo su arco iris racial, se beneficia de los logros obtenidos a través de este movimiento. Se celebra el lunes más próximo al 15 de enero, fecha de nacimiento del líder (15 de enero de 1929). (Se dice: **emel-kéi yúnior poréid**).

(Leyenda de fotografía de página 17, en francés:
"Fuerte Saint Charles. El 25 de octubre de 1769 bajo las órdenes del general O'Reilly, gobernador español de Louisiana, fueron ejecutados aquí los patriotas y mártires franceses, La Frénière, Caresse, Marquis y Milhet. Villeré ya estaba muerto".)

BATTLE OF NEW ORLEANS ENACTMENT: On January 8 or thereabout, every year there is a theatrical representation of this battle. Actors are often times individuals that have in the past belonged to some battalion. Spectators can participate in some of the activities as well. In June of 1812, the United States declared war on England. By December of 1814, a Peace Treaty was signed, ending the war. However, the news did not reach the southernmost battalions in time, and on January 8, 1815, the Battle of New Orleans was fought in Chalmette, in Saint Bernard Parish. General **Andrew Jackson** was determined to defend New Orleans, and he did so successfully, thus giving him and his cohorts a place in the history of the city.

MARTIN LUTHER KING, JR. PARADE= MLK Jr. PARADE: This parade is held in commemoration of the birthday of the *civil rights* leader. In present times, there are similar parades in many cities throughout the country. However, it is important to note that the peace movement for the equal civil rights of all citizens- white, black, rich and poor- started precisely in New Orleans in 1957 with the creation of the **Southern Christian Leadership Conference**. However, the leader, as well as the peace movement itself is usually associated only with cities like Birmingham (Alabama) and Atlanta (Georgia). The population of New Orleans, with its racial rainbow, benefits from the movement as well. The celebration date is the Monday closer to January 15, the birthday of *MLK, Jr.* (January 15, 1929).

CARNIVAL=CARNAVAL: Su origen proviene de tiempos de los bacanales romanos antes del cristianismo. En latín medieval significa **abstención de carne (carnem levare)**. En New Orleans, es la fiesta popular, que puede durar de dos a tres semanas, dependiendo del tiempo entre la *epifanía* y el *miércoles de ceniza*, de acuerdo con el calendario católico. Esta celebración no es tradicional en todos los países de la América Latina, excepto en Brasil (Río de Janeiro), y algunas ciudades de Colombia, Panamá y Bolivia. En New Orleans, durante esta época, diferentes *organizaciones (krewes)* desfilan con *carrozas* en las cuales sus miembros masculinos (excepto en *Iris*) viajan disfrazados y tiran *regalos* a los observadores. *Bandas escolares, fanfarrias, cimarronas,* o *charangas,* grupos de bailarines, bastoneras, abanderados y otros escolares, desfilan delante de cada carroza. Actualmente, la gente llama al carnaval *Mardi Gras*, pero éstos son dos conceptos diferentes.   (Se dice: **cárnival**).

MARDI GRAS= FAT TUESDAY = MARTES GORDO: literalmente traducido del francés. Es el martes anterior al *miércoles de ceniza*, que se celebra 40 días antes del *domingo de Resurrección*, de acuerdo a la religión católica. En New Orleans, la celebración del *carnaval* empieza el día de *epifanía*, y se termina el día "*martes gordo*" (o *Mardi Gras*) anterior al *miércoles de ceniza*. La tradición original era que, durante este martes, la gente comía mucho más de lo acostumbrado, o se excedía en cosas que estaban prohibidas a partir del *miércoles de ceniza*, día que marca el comienzo del ayuno de carne durante 40 días, o *cuaresma*. No se debe decir 'martes de mardi gras' pues es redundante (**mardi** significa **martes** en frances). El primer desfile de *Mardi Gras* de América del norte se celebró en Mobile, Alabama, en 1830, organizado por la llamada **Sociedad Cowbellian deRanking**; este grupo agregó carrozas y temas al desfile en 1840. El primer desfile de *Mardi Gras* se celebró en New Orleans en 1857 por la organización *Mystic Krewe of Comus*. (Se dice: **márdi-gra**).

CARNIVAL: It traces its origins to the Roman, pre-Christian, bacchanals. In Medieval Latin, the term means **abstinence from meat** (**carnem levare**). In New Orleans, this is a popular celebration that can last up to two or three weeks, depending on the number of days between *Epiphany* and *Ash Wednesday*, according to the Catholic calendar. This celebration is not traditional in all countries in Latin America, with the notable exception of Brazil (Rio de Janeiro), and some cities in Colombia, Panama and Bolivia. In New Orleans, there are different social organizations (*krewes*) whose male members (except *Iris*) on specially designed floats parade through the streets of the city. The members of these crews are masked and attired in different costumes. They throw souvenirs to the crowds below. There are *marching bands*, *brass bands*, dancers, flag carriers, and school children marching in front of or behind the floats. In recent times, some people started calling *carnival "Mardi Gras"*, but these are two different concepts.

MARDI GRAS = FAT TUESDAY: Literally from the French. This is the Tuesday before *Ash Wednesday*, celebrated 40 days before *Easter Sunday*, according to the Catholic religion. In New Orleans, carnival season celebrations begin on the night of *Epiphany*, and end on *Fat Tuesday* (or *Mardi Gras*). The original tradition was that during this day people ate more than the usual amount, or over indulged in those activities that were prohibited after *Ash Wednesday*, which is the beginning of *Lenten*. It is incorrect and redundant to say "Mardi Gras Tuesday" (**Mardi** means **Tuesday** in French). The first Mardi Gras in North America was celebrated in Mobile, Alabama in 1830, by the **Cowbellian deRanking Society**; this group added floats and a theme to their parade in 1840. The first *Mardi Gras parade* was celebrated in New Orleans in 1857, by the *Mystic Krewe of Comus*.

(Picture on page 17 says, in French: "Fort Saint Charles. On October 25, 1769 under the orders of General O'Reilly, Spanish Gobernor in Louisisna, French patriots and martyrs La Frénière, Caresse, Marquis and Milhet, were executed here. Villeré was already dead".)

ASH WEDNESDAY = MIÉRCOLES DE CENIZA: Celebración de la religión católica. Durante la misa los creyentes se arrepienten de sus pecados, piden a Dios el perdón de los mismos, prometen cumplir con el ayuno obligatorio durante los martes y viernes subsiguientes hasta el *domingo de Resurrección*. El sacerdote aplica una cruz de ceniza bendita en la frente de los feligreses, y les recuerda que "Polvo eres y en polvo te convertirás". Este día es el que sigue al *Mardi Gras*. (Se dice: **ash uénzdei**).

ST. PATRICK'S DAY PARADE = DESFILE DEL DÍA DE SAN PATRICIO: El 17 de marzo es el día del santo patrón de los irlandeses. Hay desfiles celebratorios durante el fin de semana más cercano al día de Saint Patrick en el área de Metairie Road, en el *Irish Channel*, y en el *French Quarter*. *Repollos verdes* son parte de los regalos que los miembros de las carrozas, vestidos de verde y con la cara pintada de verde, tiran a los observadores. Por su cercanía, es posible que el desfile de Saint Patrick se celebre el mismo fin de semana que se celebra el desfile de *Saint Joseph*.
(Se dice: **seint-pátricks déi paréid**).

ST. JOSEPH'S DAY PARADE = DESFILE DEL DÍA DE SAN JOSÉ: El 19 de marzo es la fiesta de San José. En New Orleans, la comunidad de origen italiano la celebra con un desfile el fin de semana más cercano al día 19; además, en los restaurantes y negocios de personas de ancestro italiano, levantan *altares* en honor a San José. Es importante mencionar que, durante los años de 1800, los inmigrantes italianos que se asentaron en New Orleans eran en su mayoría Sicilianos, cuyo santo patrón es San José.
(Se dice: **seint-yósefs déi paréid**).

EASTER = PASCUA DE RESURRECCIÓN: Es el domingo después del Sábado Santo, cuando se celebra la Resurrección del Señor. En New Orleans es tradicional que los feligreses asistan a la iglesia con sus mejores galas, las mujeres preferiblemente llevando sombreros elegantes, como símbolo de la alegría que causa la Resurrección de Jesucristo. (Se dice: **íster**).

ASH WEDNESDAY: A Catholic celebration. During mass, the worshipers repent for their sins, ask God for forgiveness and promise to follow the obligatory lent during the next Tuesdays and Fridays until *Easter Sunday*. The priest applies holy ashes to the forehead of the parishioners and reminds them that "Ashes you are and into ashes you will turn". This is the day that follows *Mardi Gras*.

ST. PATRICK'S DAY PARADE: On March 17, Irish-American descendants celebrate the day of their patron saint. Celebratory parades are scheduled for the weekend closer to this date, and they ride on the streets of Metairie Road, along the *Irish Channel*, and in the *French Quarter*. *Green cabbage throws* are some of the souvenirs that the members of the *floats*, dressed in green and with their faces painted in green as well, throw to the parade goers. Because this date is close to the celebration of *Saint Joseph's Day*, it is possible that the St. Patrick's is celebrated on the same weekend.

ST. JOSEPH'S DAY PARADE: March 19 is the feast of St. Joseph. In New Orleans, the Italian-American community celebrates this day with a parade on the weekend closest to the 19th. Throughout the city, *altars* are set up in honor of St. Joseph. It is worth mentioning that Italian immigrants who settled in New Orleans in the 1800s were mainly from Sicily, whose patron saint is St. Joseph.

EASTER: This is the Sunday after Good Friday, when the Resurrection of the Lord is celebrated. In New Orleans, it is traditional for parishioners to attend church wearing their best outfits; women often wear a fancy hat as a symbol of happiness in the Lord.

EASTER PARADE= DESFILE DE PASCUA DE RESURREC-CIÓN: En el *French Quarter* hay un desfile después de la misa del medio día que se celebra en la *Catedral de Saint Louis*. Damas y caballeros dueños de negocios diversos en el *French Quarter* desfilan en automóviles abiertos, tirando pequeños regalos y flores a los observadores, al estilo de los desfiles de *carnaval*.
(Se dice: **íster paréid**).

BLACK HERITAGE FESTIVAL=FESTIVAL DE HERENCIA NEGRA: Se lleva a cabo en los primeros días de marzo. Aunque hay diversas celebraciones, y las más anunciadas son las del *Parque Zoológico Audubon*, las celebraciones del *Parque Louis Armstrong* son las oficiales. Comidas típicas, manualidades, artesanías, y música tradicional de la población afro-americana de Louisiana, son parte de esta festividad.
(Se dice: **blak jéritash féstival**).

TENNESSEE WILLIAMS FESTIVAL: FESTIVAL DE TENNESSEE WILLIAMS, escritor de obras de teatro. Originario de Mississippi, quien vivió muchos años en New Orleans, donde escribió obras famosas como: **A Streetcar Named Desire (Un tranvía llamado Deseo), The Glass Menagerie (La colección de vidrio)**, y **Night of the Iguana (Noche de la iguana)**, entre otras. Se lleva a cabo en el *French Quarter*, en los alrededores de *Le Petit Théâtre* y de *Jackson Square*. Durante la segunda semana de marzo, hay representaciones teatrales de algunas de las obras de Williams, y competencias del llamado "grito de .. . **Stella!!!**", frase de una de sus más famosas obras, **Un tranvía llamado Deseo**.
(Se dice: **ténesi uíliams féstival**).

FRENCH QUARTER FESTIVAL= FESTIVAL DEL FRENCH QUARTER: Se celebra el segundo fin de semana de abril. Durante tres días, hay comidas típicas de Louisiana así como música y ventas de artesanías. Este festival se lleva a cabo en *Jackson Square*, frente a la *Catedral Saint Louis*, en *Woldenberg Park* frente al río, y sus alrededores. La admisión es gratis. Las comidas se venden a precios muy bajos.
(Se dice: **french cuárter féstival**).

EASTER PARADE: After the noon mass held in *Saint Louis Cathedral*, there is a parade through the *French Quarter*. Ladies and gentlemen who own diverse businesses in the Quarter parade in open cars, throwing small gifts and flowers to the observers, in the same fashion as the *carnival* parades.

BLACK HERITAGE FESTIVAL: This is celebrated during the first days in March. There are several locations where the festival is celebrated. However, the most popular seems to be that at the *Audubon Zoo*, even though the official site for the celebration is *Louis Armstrong Park*. Foods, handcrafts, popular art, and traditional music of the African-American population are all part of this festival.

TENNESSEE WILLIAMS FESTIVAL: Tennesse Williams was writer and native of Mississippi, who lived several years in New Orleans, where he wrote famous pieces such as: **A Streetcar Named Desire**; **The Glass Menagerie**, and **Night of the Iguana**, among others. The festival takes place in the *French Quarter*, *Le Petit Theatre*, and around *Jackson Square* during the second week in March. There are lectures, theater presentations of some of his plays, and a **"Stella...!!"** shouting contest—a famous line from his play **A Streetcar Named Desire.**

FRENCH QUARTER FESTIVAL: It is celebrated during the second weekend in April. During three days, there are booths with Louisiana foods, arts and crafts for sale as well as live music. The festival is celebrated in *Jackson Square*, in front of the *Saint Louis Cathedral*, in *Woldenberg Park*, in front of the river and in its surrounding areas. Admission is free.

NEW ORLEANS JAZZ AND HERITAGE FESTIVAL= FESTIVAL DE JAZZ Y DE LA HERENCIA CULTURAL DE NEW ORLEANS: Se celebra el último fin de semana de abril y el primer fin de semana de mayo. Este festival no es gratis, y se lleva a cabo en el *hipódromo* (*fair grounds race track*) en *Gentilly Blvd*. Tiene su origen humilde en 1970, en el entonces llamado **Beauregard Square**, hoy conocido como *Congo Square*. Allí se reunieron artesanos locales así como cantantes locales y nacionales con una muchedumbre de *bailarines de segunda línea* (*second line dancers*) quienes seguían por el parque a las bandas de latón (*brass bands*) que entonaban melodías típicas de la ciudad. Hoy en día es un festival tan famoso como el carnaval, al que asisten numerosos artistas y turistas de todo el mundo.
(Se dice: **nu-órlens jaz end jéritash féstival**).

4TH OF JULY= INDEPENDENCE DAY= 4 DE JULIO=DIA DE LA INDEPENDENCIA: Durante este día hay bandas musicales en escenarios en el área del *French Quarter*, en el parque *Woldenberg* y alrededores. La gente se reúne, baila, y disfruta de la música al aire libre. El 4 de Julio de 1776, las colonias americanas adoptaron la Declaración de Independencia y se separaron definitivamente de Inglaterra para constituirse en un país libre e independiente.
(Se dice: **forz ov yulái**).

Nota: En 1776, Louisiana era aún una colonia española. Sin embargo, durante la Guerra de Independencia tanto España como los colonizadores de Louisiana ayudaron a las 13 colonias del este en su lucha contra los británicos. Casi 30 años después, Louisiana pasó a ser parte de los Estados Unidos, luego de la *compra de Louisiana* (*Louisiana Purchase*).

ESSENCE MUSIC FESTIVAL=FESTIVAL DE MÚSICA ESSENCE: Se celebra en el mes de julio, cerca de las festividades del 4 de julio, bien sea en el centro de convenciones (*Convention Center*) o en el *Superdome*. Celebra la música y la cultura afro-americana. Es la concentración más grande de músicos afro-americanos, de mujeres bien vestidas, de gentes con un extraordinario sentido del humor y amor por la diversión y la buena comida. El nombre proviene de su fundador y patrocinador principal, la **revista Essence**.
(Se dice: **ésens miúsic féstival**).

NEW ORLEANS JAZZ AND HERITAGE FESTIVAL:
Celebrated during the last weekend of April and the first weekend of May. Admission to this festival is not free, and it is held at the *fair grounds race track*, on *Gentilly Blvd*. The name of this festival is a reflection of its humble origins, where local musicians and artisans present their works. Today this festival, along with the *Mardi Gras* celebrations, is the most famous tourist attraction. Artists from all over the world as well as from all corners of the country can be seen performing at the festival.

4TH OF JULY = INDEPENDENCE DAY: During this day, there are music bands playing on stages set up in the *French Quarter*, in *Jackson Square*, in the *Woldenberg Park* and its surroundings. On July 4, 1776, the American Colonies unilaterally proclaimed the Declaration of Independence and officially seceded from England to become an independent, free country.

Note: In 1776, Louisiana was still a Spanish colony. However, during the War of Independence, Spain as well as Louisiana citizens helped the 13 eastern colonies in their battle against the British. Almost 30 years later, Louisiana became a territory of the United States, after the *Louisiana Purchase*.

ESSENCE MUSIC FESTIVAL: Celebrated during the month of July, close to the 4th of July festivities. It is staged sometimes in the *Convention Center*, sometimes in the *Superdome*. It celebrates the music and culture of African-Americans. This is the largest concentration of African-American musicians, well-dressed women, and people with an extraordinary good sense of humor and love for entertainment and good food. The name reflects that of the founder and principal sponsor, the **Essence Magazine**.

SATCHMO SUMMER FEST= FESTIVAL DE VERANO "SATCHMO": En honor a **Louis Armstrong**, quien nació en New Orleans posiblemente el 4 de agosto de 1901, y quien desde su niñez se dedicó a tocar trompeta e influyó enormemente en el desarrollo y popularización del jazz. La celebración con *música de jazz* tradicional y *jazz* moderno, se realiza durante el fin de semana más cercano al 4 de agosto. Por la forma de bolsa que adquirían sus mejillas infladas al tocar la trompeta, se le apodó **Satchmo** que posiblemente se deriva de la palabra francesa **sachet**, que quiere decir **bolsa** o **saco pequeño**, pero en este caso, **satchmo** podría significar **bolsa grande.** (Se dice: **sátchmo sómer fest**).

WHITE LINEN NIGHT =NOCHE DE LINO BLANCO: Este festival de arte se celebra durante el último fin de semana de julio o el primer fin de semana de agosto. Las galerías de arte de Julia St. abren sus puertas durante las últimas horas del atardecer, entre las seis y las nueve de la noche. El público visita las galerías con exhibiciones, comenta, camina de una galería a otra. La calle se cierra con *barricadas*, hay música, bar abierto en la calle, mesas y sillas donde el público se puede sentar a descansar y departir socialmente. El nombre implica que la mayoría de los asistentes visten ropas de lino blanco, muy conveniente para aplacar el calor de una noche de verano al aire libre. (Se dice: **juáit línen náit**).

DIRTY LINEN NIGHT=NOCHE DE LINO SUCIO: como es costumbre en New Orleans, hay celebraciones seguidas de celebraciones. La *Noche de Lino Sucio* nace como estrategia comercial de las galerías de arte situadas en Royal St. en un afán por atraer clientes potenciales a sus galerías, tal y como lo hacen las galerías de Julia St. durante la *Noche de Lino Blanco*. La celebración es el segundo sábado de agosto, de 6 a 9 de la noche. Se dice que se llama "de lino sucio" porque asume que las personas vestirán el mismo traje blanco que ya usaron durante la *Noche de Lino Blanco*, antes de enviar el vestido a la lavandería. (Se dice: **dérti línen náit**).

SATCHMO SUMMER FEST: In honor of **Louis Armstrong**, who was born in New Orleans on August 4, 1901. He was playing the trumpet already as a young child, and his music influenced the development of *jazz*. Celebrated with traditional as well as modern *jazz*, the festival is held on the weekend closer to August 4. Because of the form that his swollen cheeks took when he was blowing the trumpet, somebody nicknamed Louis as **Satchmo**. The word probably derives from the French word **sachet,** which means **small sac**. In this case, **satchmo** could very well mean **large sac**.

WHITE LINEN NIGHT: This free festival of the arts is celebrated during the last weekend in July or on the first weekend in August. All art galleries on Julia St. are open at dusk, between 6 and 9 pm. The street is closed with *barricades*, and some musicians will play. There are also long tables with open bars, tables and chairs spread along the street where the public can sit to sip wine and relax. The name of this festivity implies that those who attend wear white linen outfits and, indeed, most people do, as another way to withstand the hot weather.

DIRTY LINEN NIGHT: As it is customary in New Orleans, there are celebrations after celebrations. The *Dirty Linen Night* was born as another commercial strategy from art galleries located on Royal St in an effort to attract potencial clients to their galleries, very much as those galleries on Julia St. do during the *White Linen Night*. The celebration is on the second Saturday in August, from 6 to 9 pm. It is said that the name "dirty linen" is appropriate because it is assumed that people who attend this celebration will wear the same white linen dress they wore for the previous "*White Linen Night*", and before they send the dress to the laundry.

HALLOWEEN = ALL HALLOWS EVE = NOCHE DE FANTASMAS: Es la noche del 31 de octubre, anterior al *Día de Todos los Santos*. Aunque este festival tiene origen cristiano, hoy en día no tiene esa connotación. Se celebra en grande en el *Lower French Quarter* (*Marigny*), pero es popular entre otros barrios como una celebración para niños. La frase **Trick or Treat** significa **Broma o Regalo**, literalmente, y ésto es lo que piden los niños cuando van de casa en casa, disfrazados para auyentar a los fantasmas de aquellos que murieron durante el año anterior y andan en busca de nuevos cuerpos vivientes. Esta celebración es nacional, y se originó durante el siglo V en la Irlanda celta, y fue traída a América durante las migraciones de los irlandeses a partir del año de 1840. (Se dice: **jálouin**).

ALL SAINTS DAY = DÍA DE TODOS LOS SANTOS: Día primero de noviembre, cuando se celebra a todos los santos que no tienen asignado un día particular de conmemoración. En New Orleans, tradicionalmente este es el día de visitar los cementerios; algunas familias usan éste día para limpiar las tumbas y llevar flores al día siguiente, **día de los muertos**. Se debe recordar que New Orleans, después de Boston, es quizás una de las ciudades con mayor número de población que profesa la religión católica en el país. (Se dice: **ol- séints déi**).

THANKSGIVING = ACCIÓN DE GRACIAS: El día más importante de las celebraciones nacionales. Como no tiene ningún significado religioso, todas las personas, sin importar su fe, pueden dar gracias por lo que tienen. La tradición se origina en 1621 cuando los indios nativos de Norte América ayudaron a los peregrinos llegados de Inglaterra a cultivar y cosechar alimentos para sobrevivir en el nuevo ambiente. Desde sus orígenes en octubre de 1621, este día ha tenido varias fechas de celebración, hasta que en 1863, el presidente **Abraham Lincoln** lo declaró oficial. La celebración oficial moderna es el último jueves del mes de noviembre. Las comidas típicas incluyen maíz, calabaza *(pumpkin)*, pavo *(turkey)* y arándanos *(cranberry)*; en el Sur se le ha agregado camote dulce *(sweet potato)*, chayote *(mirliton)*, ostras *(oysters)* y nueces pacana *(pecan nuts)*. El famoso *turducken* es una modalidad exclusiva de Louisiana. (Se dice: **zanks-guíving**).

HALLOWEEN= ALL HALLOWS EVE: The night of October 31, the eve of *All Saints Day*. This festival has its origins in the Catholic Church. But nowadays it does not have that connotation. The celebration is on a grand scale in the *Lower French Quarter* (*Marigny*), but it is also popular in other neighborhoods as a children's tradition. The phrase **"Trick or Treat"** is supposed to be said to scare away the souls (or ghosts) of those who died during the previous year and are looking for new living bodies. This is a national celebration, which originated during the 5th Century in Celtic Ireland, and brought to America during the 1840 migrations.

ALL SAINTS DAY: On November 1st, the Catholic Church celebrates all those saints that do not have a particular day assigned to them in the calendar year. In New Orleans, this is the day to visit the cemetery. Some families use this opportunity to clean the tombs of family members and lay flowers on the following day, **All Souls Day**. It should be noted that after Boston, New Orleans is probably the city with the largest number of Catholics in this country.

THANKSGIVING: The most important celebration in the country. This celebration does not have any religious connotation. Thus, all persons regardless of their religious beliefs can give thanks for what they have. The tradition originated in 1621 when the native Indians of North America helped the English pilgrims to survive in their new environment by showing them how to cultivate and harvest new foods. Typical foods include corn, *pumpkin, turkey* and *cranberries*. In the South, other foods include *sweet potatoes, mirliton, oysters* and *pecan nuts*. The famous *"turducken"* is an exclusive Louisianan recipe. From its origins in October of 1621, the day of celebration had changed several times, until in 1863 when President **Abraham Lincoln** declared it official. In modern times the celebration is on the last Thursday of November.

BAYOU CLASSIC= CLÁSICO DEL BAYOU: Partido de fútbol americano entre las dos universidades negras más prominentes de Louisiana: Grambling y Southern. Se lleva a cabo en el *Superdome* el sábado después de *Thanksgiving.*   (Se dice: **báiu clássic**).

CELEBRATION IN THE OAKS=CELEBRACIÓN ENTRE LOS ROBLES: (*Quercus* sp.). Es parte de las festividades de fin de año. Los jardines y árboles del *City Park* se iluminan con luces de colores, y diseños; coros escolares cantan canciones navideñas cristianas, así como canciones de otras religiones. Los carruseles del parque de diversiones operan todas las noches. La celebración empieza la noche siguiente al día de *Thanksgiving* y termina después del primero de enero del año nuevo. (Se dice: **selebréishion in di óuks**).

CHRISTMAS NEW ORLEANS STYLE = NAVIDAD AL ESTILO DE NEW ORLEANS: El público se aglomera frente a la *Catedral de Saint Louis*, en *Jackson Square*, para cantar villancicos, durante las doce noches previas a la Navidad.   (Se dice: **krismas nu-órlens stáil**).

SEVEN DAYS OF KWANZAA = SIETE DÍAS DE KWANZAA: Esta festividad cultural es relativamente reciente, desde 1966. Se celebra por una semana a partir del 26 de diciembre. Cada uno de los siete días está dedicado a uno de los siete principios fundamentales, a saber: Unidad, Determinación Personal, Trabajo y Responsabilidad Colectivos, Economía Cooperativa, Propósito, Creatividad y Fe. Estos principios y valores fueron enunciados por **Maulana Karenga**, activista afro-americano, quien los basa en la cultura de algunas tribus africanas, aduciendo que los afro-americanos deberían tener sus propias celebraciones y no seguir las europeas. Ha vuelto a tomar auge en los últimos años, y en New Orleans hay actividades en diferentes centros culturales, gratis y abiertas a todo público.   (Se dice: **séven déis ov kuánza**).

NEW YEAR CELEBRATION= CELEBRACIÓN DEL AÑO NUEVO: El público se reúne en *Jackson Square*, frente a la *Catedral de Saint Louis*, frente al *Café Du Monde*, y en el *Moon Walk* frente al río, a esperar la celebración con fuegos artificiales que, desde una barcaza en el río, se encienden a la media noche del 31 de diciembre. (Se dice: **niú - ier selebréishon**).

BAYOU CLASSIC: Football match between the two most prominent black universities in Louisiana: Grambling and Southern. The game is at the *Superdome* the Saturday after *Thanksgiving Day*.

CELEBRATION IN THE OAKS: (*Quercus* sp.) It is part of the end of the year festivities. The gardens and trees of the *City Park* are decorated with colorful lights and designs. School choirs sing Christmas songs as well as songs of other religions. The amusement park carousels operate nightly. The celebration begins the night after *Thanksgiving Day* and ends after New Year's Day.

CHRISTMAS NEW ORLEANS STYLE: During the evenings close to the 25th of December, people get together in front of St. *Louis Cathedral* on *Jackson Square* to sing traditional Christmas songs.

SEVEN DAYS OF KWANZAA: This is a relatively new cultural celebration which started in 1966. The celebration goes on for a whole week, starting on December 26th. Each one of the seven days is dedicated to one fundamental principle: Unity, Personal Determination, Community Work and Responsibility, Cooperative Economy, Purpose, Creativity and Faith. These seven principles and values were enunciated by **Maula Karenga**, an African-American activist, who based these principles on the traditions and cultures of some African tribes. He established this celebration because he thought that African-Americans should have their ethnic non-European rituals. In the last few years, it has taken on new strength, and there are diverse activities in community centers, open to the public.

NEW YEAR CELEBRATION: On December 31, people meet in *Jackson Square*, in front of *Saint Louis Cathedral*, in front of *Café du Monde*, and over the *Moon Walk* in front of the river to celebrate the New Year with a fireworks show set up by the city.

2

VOCABULARIO Y EXPRESIONES DERIVADOS DE LAS FESTIVIDADES

Con palabras como flambeaux, doubloons y turducken, el vocabulario de New Orleans necesita explicarse.

Hay una gran gama de vocabulario de origen tanto francés como español e inglés, que se mezclan en este desfile de palabras, constituyendo un lenguaje propio y único de esta ciudad. La mayoría de estas palabras están, en una u otra forma, asociadas a las tantas celebraciones que se llevan a cabo en New Orleans, y que tienen orígenes diversos, pero que, como la comida y la etnia tan diversa, forman una sopa lingüística muy especial.

Banda cimarrona Tremé, después de un servicio religioso dominical

2

WORDS AND EXPRESIONS DERIVED FROM FESTIVITIES

With words such as flambeaux, doubloons and turducken, the vocabulary of New Orleans needs to be explained.

There is a great gamut of vocabulary of French, Spanish and English origins, mixed together in this parade of words that form a unique and exclusive vocabulary of this city. Most of the words are associated in one way or another with the different celebrations that are observed in New Orleans. Even though their origins are as diverse as the foods and the very ethnic groups that created them, these words are a real linguistic gumbo.

Flambeaux carriers during Bacchus parade, on St. Charles Ave.

LA VIDA EN LA "CIUDAD FÁCIL"

ASH WEDNESDAY=MIÉRCOLES DE CENIZA: Dentro de la Iglesia Católica, es la celebración que marca el comienzo de la *cuaresma* en la cual el ayuno es obligatorio. Durante la misa del *miércoles de ceniza* las cenizas se bendicen y con ellas se hace la señal de la cruz en la frente de los creyentes. "Polvo eres y en polvo te convertirás". (Se dice: **ash- uénzdei**).

BACCHUS PARADE=DESFILE DE BACCHUS: Es el desfile del dios del vino, de acuerdo a la tradición romana (**Bacchus** también conocido como **Dionysus**). La organización se originó en el año 1968, como respuesta de los llamados "nuevos ricos", a la vieja tradición de no admitir a gente que no formaba parte de la llamada "sociedad de alcurnia" de New Orleans en las organizaciones originales. Este desfile se realiza el domingo previo al *Mardi Gras,* sale de *Magazine St*, pasa por Napoleon Ave. hasta *St. Charles Ave.* y de ahí hacia *Canal St.*, para terminar en el *Convention Center*. (Se dice: **bácus paréid**).

BARRICADES = BARRERAS, BARRICADA, PARAPETO, TRINCHERA: Con las que se obstaculiza el paso por un sitio. Durante la época del *carnaval*, asi como durante muchas celebraciones, se cierran ciertas calles de la ciudad con este tipo de barricadas metálicas para impedir el tránsito de automóviles que no estén directamente relacionados con los desfiles.
(Se dice: **bárikeids**).

BEADS=COLLARES PLÁSTICOS: Durante la celebración de los desfiles, entre otras cosas, los miembros de las carrozas tiran collares plásticos a los observadores. Algunas personas se vuelven agresivas para obtener estos collares. (Se dice: **bíds**).

LIFE IN THE BIG EASY

ASH WEDNESDAY: In the Catholic Church, this day marks the beginning of the obligatory fast during *lent*. During mass on *Ash Wednesday*, the ashes are blessed and with these the priest makes the cross on the forehead of the parishioners, while he says: "Ashes you are and into ashes you will turn".

BACCHUS PARADE: This parade is dedicated to **Bacchus** (or **Dionysus**) god of wine, according to the Roman Mythology. This *Mardi Gras* organization originated in 1968, as a response from the "new rich" to the original elitist *krewes* of the so-called "high society" of New Orleans. This parade is on the Sunday before *Mardi Gras*, starting on *Magazine St.*, going through Napoleon Ave., to *St. Charles Ave.* and from there to *Canal St*, ending at the *Convention Center*.

BARRICADES: These are metal barriers used to obstruct traffic circulation. During carnival time, certain streets throughout the city are closed to all non-parade-related vehicular transit. These barricades are used in many other instances because in New Orleans there are parades of all kinds throughout the entire year.

BEADS: During the parades, among other things, plastic beads are thrown to the observers as favors. Some people go wild over these plastic beads.

BOEUF GRAS= FATTENED OX= BUEY GORDO: Es el símbolo de *martes gordo* que usa el *rey del carnaval* durante su desfile, por aquello de que es el último día en que se permite comer carne antes del ayuno de *cuaresma*. Entre las carrozas siempre hay una dedicada a transportar el buey o vaca gorda, muy decorada, que viaja detrás de la carroza del rey de la organización *Rex*.
(Se dice: **bof grá**).

BRASS BAND= BANDA DE LATÓN, FANFARRIA, CIMARRONA, CHARANGA: Banda que usa instrumentos de latón, principalmente trompetas y cornetas. En New Orleans son muy populares estas bandas y se usan no solamente para acompañar los desfiles de todo tipo, sino también para conciertos donde toda la música se interpreta con dichos instrumentos. Equivale a las bandas de pueblo o *cimarronas* usadas en América Latina, de ascendencia europea.
(Se dice: **brás-band**).

CIVIL RIGHTS MOVEMENT=MOVIMIENTO DE DERECHOS CIVILES: Este Movimiento pacifista, iniciado en New Orleans por diferentes ciudadanos, alcanza su máxima expresión cuando el líder pacifista Reverendo **Martin Luther King, Jr.**, comienza una serie de sermones en donde insta a los ciudadanos, negros y blancos, sobre todo a los más pobres, a votar, a ejercer su derecho al voto, a tratar de cambiar las conductas pasivas o las beligerantes ante las injusticias sociales. En uno de sus discursos más famosos y que empieza con la frase "**Yo tengo un sueño...**" ("**I have a dream...**"), *MLK* expresa su ideal de que algún día no muy lejano, los niños y ciudadanos de todo el país pudiesen tener los mismos derechos y oportunidades, sin importar su color u origen. Racistas radicales no estaban de acuerdo con sus ideas, y en 1963 lo asesinaron.
(Se dice: **sívil ráits múvment**).

BOEUF GRAS= FATTENED OX: This is the symbol of *Fat Tuesday* that the *king of carnival* uses during his parade. The ox represents the last day of red meat that can be eaten before *lent* which officially begins on the next day. Among the floats there is one dedicated to carry the fattened ox, which travels behind the float that carries the king of the *Krewe de Rex.*

BRASS BAND: Band that uses brass instruments particularly trumpets and horns. In New Orleans, these bands are quite popular and are used not only to accompany all types of parades but also at full concerts, such as during the *jazz festival* and others. These bands have European ancestry.

CIVIL RIGHTS MOVEMENT: Pacifist Movement initiated in New Orleans by different citizens, but it reaches its maximum expression when the pacifist leader *Reverend Martin Luther King, Jr.*, started a series of sermons encouraging all citizens, white and black, and especially the more impoverished ones, to go out and cast their vote, to use their right to vote, to try changing their passive or aggressive conduct towards the social injustices. One of his most famous sermons started with the phrase: **"I have a dream…!"** With it, MLK expresses his idealism that one day in the near future all children and all citizens could have the same rights and opportunities, regardless of their color or origin. He was killed in 1963 by racist radicals that did not agree with his ideals.

DEBUTANTE = DEBUTANTE: Damita de 18 a 21 años que es presentada en sociedad con un baile u otro tipo de fiesta con participación de familiares y amistades. El concepto es de herencia europea, y es similar a la celebración de las **quinceañeras** en algunos países de América Latina. Las debutantes en New Orleans son posibles candidatas a ser *reina del carnaval*. La elegida es la que encuentra el *frijolito dorado, o sorpresa,* en su *torta de reyes* durante el *Twelfth Night Revelers Ball.* (Se dice: **déybiutant**).

DOUBLOONS= FAKE COINS =DOBLONES O MONEDAS: En la antigüedad, los doblones españoles eran monedas de oro, de distintos valores según la época. En tiempos modernos, no tienen valor económico real, son de aluminio, pintadas de diferentes colores y con grabados a relieve con diferentes motivos. Durante los desfiles del *carnaval*, los miembros de las *carrozas* las tiran a los observadores. (Se dice: **dablúns**).

ENDYMION PARADE=DESFILE DE ENDYMION: Se celebra el sábado previo al *Mardi Gras.* Es una de las llamadas **superkrewe**, fundada el año 1966 por los "nuevos ricos". En la actualidad es uno de los desfiles más lujosos, con *carrozas* iluminadas desde donde tiran pequeños objetos de diseños originales y exclusivos. Desfila por la avenida *Carrollton* en *Mid City*, se origina en el City Park Ave., muy cerca de *Delgado Community College.* Luego recorre *Canal St.* hasta terminar en el *Convention Center.* (Se dice: **endímion paréid**).

Nota: después del huracán Katrina, la ruta ha sido alterada y el desfile avanza por la ruta de *St. Charles Ave*. Aún no se sabe si esta ruta será permanente.

FLAMBEAUX =TORCHES= ANTORCHAS: Traducido del francés. Durante los primeros años de la celebración del *carnaval* se necesitaba de hombres que cargaran antorchas para iluminar la ruta durante las horas de la noche. A manera de burla y pago, el público les tiraba monedas que ellos recogían. La tradición de estos cargadores de antorchas casi se ha perdido, solamente se pueden ver durante el desfile de *Bacchus*. La tradición de tirarles monedas es casi desconocida por los ciudadanos no nativos. (Se dice: **flambó**)

DEBUTANTE: This is a young lady between the ages of 18 and 21 years who is introduced to society in a special party given by her parents and relatives. The concept of "debutante" is of European heritage, and it is very similar to the **Quinceañera** celebration in Latin America for fifteen-year old daughters. Some of the debutantes in New Orleans are eligible to be *queens of carnival and of parades*. Tradition says this may happen when one of the young *debutantes* finds a *gold bean* inside her *king cake* during the *Twelfth Night Revelers Ball*.

DOUBLOONS=FAKE COINS: In the old days, these were Spanish coins, made of gold and of different value, according to the times. In modern times, however, these coins do not have any real value. Since 1960, they are made of aluminum, with different engravings and of different colors. These coins, along with other tokens, are thrown to the spectators by the members of the float as they parade during carnival.

ENDYMION PARADE: It is celebrated the Saturday before *Mardi Gras*. This is one of the so-called **superkrewe**, founded in 1966 by the "new rich". Actually, this is one of the most fanciful parades, with floats that are totally illuminated with millions of small lights. The float members throw small favors that are very original and exclusive. The parade starts in *City Park*, close to *Delgado Community College*, and marches down *Carrollton Ave* in *Mid-City*, to *Canal Street* and ending at the *Convention Center*.

Note: After hurricane Katrina, the route was modified and the parade rolls through the *St. Charles Ave.* route. It is not known yet if this will be the permanent route for this *krewe*.

FLAMBEAUX=TORCH: This word is French. During the first years of the *carnival* celebrations in New Orleans, there was no electricity on the streets, so the organization engaged black men to carry the light torches along the route of the parade. As a cruel joke, the spectators threw coins to these men, which they dutifully picked up. This tradition of having *flambeaux* during the parade is almost lost, with the exception of the *Bacchus* parade. At the same time, the tradition of throwing coins to the carriers is almost unknown by the non-native people that attend the parades.

FLOAT= CARROZA: Cada *carroza* es una construcción muy elaborada y decorada con papel-mâché, figuras de plástico, metal o cartón, etc., donde los miembros de la organización (*krewe*) van enmascarados y vestidos con diferentes temas que se eligen de antemano. Cada *carroza* es jalada por camiones o por tractores. Las *carrozas* de otras celebraciones, no asociadas con el *carnaval*, pueden variar en su estilo y construcción. (Se dice: **flóut**).

GOLDEN NUGGETS = GOLDEN COCONUTS =COCOS DORADOS: En un principio, los miembros del club *Zulu* tiraban estos cocos como substituto barato de los regalos más costosos que tiraban las otras *organizaciones del carnaval*. En los primeros tiempos, los cocos se regalaban tal y cual estaban al natural; en años posteriores, un artista local peló los cocos y los pintó de color dorado y negro. Desde entonces, se han desarrollado varias formas artísticas para decorar estos cocos. Durante la época del decenio de los años 80, estos cocos fueron el centro de atención de una batalla legal. En 1988, la legislatura de Louisiana pasó una ordenanza, conocida como "**the coconut bill**", en la cual excluye a la organización Zulu de las posibles demandas legales causadas a consecuencia de golpes o heridas recibidas por un "cocotazo".
(Se dice: **gólden nóguet**).

GREEN CABBAGE (THROWS) = REPOLLOS VERDES (*Brassica oleracea*) que tiran los miembros de las carrozas durante el *desfile* de *Saint Patrick*. Esta tradición se debe a que en la época de la Gran Hambruna en Europa, el *repollo*, así como las papas originalmente importadas de las Américas, eran prácticamente la única comida accesible a los pobladores de Irlanda (y de muchos otros europeos también). La gran migración de irlandeses hacia el Nuevo Continente se originó precisamente en los años de 1840 y en adelante, y con ellos la tradición de comer repollo. El *repollo verde* también se considera parte de la comida tradicional del día 1° de enero, pues se cree que trae la buena suerte, particularmente arraigada en la *comida creole*. (Se dice: **grin-cábash zrós**).

FLOAT: This is a platform mounted on elaborated constructions that are decorated with paper- mâché, cardboard, metal or plastic figures, and where the members of the *krewe* travel, masked and wear costumes. Every *float* is then pulled by large trucks or even tractors. Other *floats* of *parades* not associated with *carnival* may vary their style and construction.

GOLDEN NUGGETS = GOLDEN COCONUTS: At the beginning of this tradition, real coconuts were thrown by members of the *Zulu* organization as an inexpensive substitute for the most expensive and sophisticated tokens that other *krewe* members were giving away during parades. At first, the coconuts were in their natural state; in recent years, however, a local artist decided to scrape and paint the coconuts in gold and black. Since then, several artistic ways to decorate these have evolved. During the 1980's, these same coconuts were at the center of a legal battle. In 1988, the Louisiana legislature approved a bill, known as the "**coconut bill**", which exempted the *Zulu* organization from tort liability for all possible damages that may be caused by a "coconut hit" on property or on a person.

GREEN CABBAGE (THROWS): (*Brassica oleracea*): These are real vegetables that are thrown as tokens from the *floats* of the *St. Patrick's Day parade*. The tradition of eating green cabbage has its roots in the history of the Great Hunger in Europe (1845-1849). Cabbage (and potatoes originally imported from the American continent), were about the only accessible foods for the people in Ireland (and in many other European countries). The great migrations of the Irish to the new continent originated precisely during the 1840s, and along with them, the habit of eating green cabbage. Additionally, in the South, green cabbage is a very important component of the dinner on January 1st, because it is believed to bring good luck, and this is particularly traditional of *creole food*.

KING AND QUEEN OF THE PARADE=REY Y REINA DEL DESFILE: Estos personajes son elegidos por los miembros de las diversas organizaciones, cada uno por méritos diferentes; el *rey* desfila en *carroza* especialmente decorada; la *reina* es elegida a través de la tradición del encuentro del *frijolito dorado* dentro del *pastel de reyes.* (Se dice: **king-end-kuín ov de paréid**).

KING CAKE=PASTEL DE REYES: En Europa, durante tiempos medievales, este pastel contenía un *frijolito* o una moneda insertada en alguna parte de la masa. Durante las celebraciones de la Doceava Noche (*Twelfth Night*), que se cuentan desde el día de Navidad hasta el día de Reyes, se elegía un "rey ficticio" por azar y buena suerte. El pastel era dividido en trozos, y el individuo que se encontraba la moneda o frijol en su trozo era elegido rey de la noche. Algunas veces, el rey elegía su propia reina, aunque otras veces la reina también era elegida al azar. Al rey se le daba su corona, además de autoridad para controlar las bebidas y, en algunas ocasiones, hasta tenía que pagar por la fiesta. En New Orleans, esta tradición se ha transformado con el pasar de los años. En alguna época, la reina de cada desfile, así como la del carnaval, era elegida al recibir su pastel con la "sorpresa". La sorpresa en el pastel de reyes ha variado también a través del tiempo: un frijol, una pequeña piedra dorada, una moneda dorada, una muñeca de porcelana y, hoy en día, un bebé plástico. (Se dice: **kíng-keik**).

KREWE=CREW=CARNIVAL CLUB= ORGANIZACIÓN SOCIAL: En la antigüedad eran organizaciones secretas. Normalmente sus miembros son todos hombres de negocios que contribuyen a causas sociales como obras de caridad y becas para estudiantes, entre otras. La mayoría de estas organizaciones en New Orleans tienen nombres asociados con personajes mitológicos, griegos, romanos y egipcios. Hay excepciones a las reglas: *Krewe d'Iris* es de mujeres; en otras organizaciones hay miembros de ambos sexos (*Krew de Zulu*) y hasta los niños pueden participar en los desfiles. Desde el inicio en los años de 1800 (*Krewe de Comus, Krewe de Rex*) todas éstas organizaciones han sido elitistas. Posteriormente surgieron otras organizaciones con el fin de incluir a la clase proletaria. (Ver: *Zulu, Baccus,* y *Endymion*), e incluso a mujeres. (Ver *Krewe d'Iris*). (Se dice: **crú**).

KING AND QUEEN OF THE PARADE: These characters are elected by the members of the diverse *krewes*, each one on their own merits. Once selected, the *king* will travel atop of a specially decorated *float*, sometimes side by side with his *queen*; sometimes, they travel on separate *floats*. It is said that the *queen* is selected by chance, when she finds a small *"golden bean"* inside her piece of *king cake*.

KING CAKE: This was an old European tradition. In Medieval times, this type of cake had a bean or a coin inserted inside its dough. During the celebrations of the *Twelfth Night,* a "muck king" was selected by chance and good luck. The cake was divided into small pieces and distributed among the men; one of them would be so lucky to get the piece with the coin or bean inside, making him a "king for a night". Sometimes, the king would select his own queen; but other times, the queen was also selected by chance. The king would then get a crown and the authority to control the drinks and, often times, he had to pay for the party. In New Orleans, this same tradition has changed as time passed. At some date, the queen was selected as she received a piece of cake with a "surprise" inside it. The type of "surprise" has also changed with time: a bean, a golden pebble, a golden coin, a small porcelain doll, a plastic baby.

KREWE= CREW=CARNIVAL CLUB= At the beginning of the traditional *Mardi Gras* celebration in New Orleans, these clubs were secret organizations. Usually, krewe members are business men who contribute to social causes and sometimes to scholarships for students. In New Orleans, these *krewes* are named after mythological Greek, Roman and Egyptian figures. There are exceptions to the rules: *Krewe d'Iris* is a women's only organization. Other *krewes* have members of both sexes (*Krewe de Zulu*); and in some, even children can participate. From their beginning in 1800 (*Krewe de Comus, Krewe de Rex*), these organizations have been elitist. In later years, some new *krewes* were formed with the intention of including the newly rich working class (see *Zulu, Bacchus* and *Endymion*) and women (see *Krewe d'Iris*).

KREWE DE REVELERS = ORGANIZACIÓN DE REBELDES:
Es la misma que originalmente se llamó "**The Mystic Krewe of Comus**" (del griego **komos** que significa **rebeldes**). Fundada en 1857, es la organización más antigua en desfilar por las calles de New Orleans, hasta 1991. Fue la primera organización que desfiló con *flambeaux* y que celebró un *tableau* o *plateau ball*. Desde el principio, esta organización fue secreta y discriminatoria. En 1992, la legisladora estatal **Dorothy Mae Taylor** escribió una ordenanza anti-discriminatoria prohibiendo la discriminación racial dentro de las organizaciones del *carnaval*. **Comus** rehusó firmarla y retiró su desfile del calendario. Sin embargo, sus miembros se reúnen todos los años, desfilan a pie desde el restaurante Antoine hasta el *Municipal Auditorium*, donde aún celebran su baile.
(Se dice: **crú de révelers**).

KREWE D' IRIS= ORGANIZACIÓN DE IRIS: Esta es una organización de mujeres, nombrada en honor a la diosa del arco iris, mensajera de los dioses. Organizada en el año 1917 como respuesta a la exclusión de las mujeres en las otras organizaciones.
(Se dice: **crú díris**).

KREWE RIDERS = LOS QUE VIAJAN EN LAS CARROZAS:
Los participantes de las organizaciones que pagan su cuota y compran regalos para lanzar desde las carrozas, pueden viajar en las mismas durante el desfile de su organización. (Se dice: **crú ráiders**).

KREWE DE REVELERS: This is the original "**Mystic Krewe of Comus**" (from the Greek **komos** meaning **rebels**). Founded in 1857, this organization is the oldest one that paraded through the streets of New Orleans up until 1991. This was the first club that paraded using *flambeaux* and the first that celebrated a *tableau* or *plateau ball*. From its initial days, this organization was secretive and exclusivist. In 1992, the State legislator **Dorothy Mae Taylor** introduced an anti-discriminatory ordinance, prohibiting racial discrimination in the *carnival* organizations. **Comus** refused to comply with the ordinance and instead withdrew its *parade* from the calendar. However, members of **Comus** meet at Antoine's Restaurant and parade on foot from the restaurant to the *Municipal Auditorium*, where they are still celebrate their ball.

KREWE D'IRIS: This is a women's organization, in honor of the goddess of the rainbow, and messenger of the gods. The group was organized in 1917 as a response to the exclusion of women from the other *krewes*.

KREWE RIDERS: These are members who pay their dues and buy their own tokens to throw at parade time. They ride on the *floats* at the date and time previously selected by the organization.

LENT=FAST= CUARESMA =AYUNO: Ayuno obligatorio de la religión católica. Época que empieza el *miércoles de ceniza* y termina el Sábado Santo. Este ayuno es llevado por 40 días, sin contar los domingos, imitando el ayuno de Cristo, en preparación para el día de la Resurrección o Pascua florida (*Easter*). Durante la cuaresma, el ayuno se observa el *miércoles de ceniza* y cada martes y viernes posteriormente, hasta el Viernes Santo. La tradición ha variado a través de las épocas, pero la idea de abstinencia o penitencia se continúa en esta ciudad mediante la eliminación de carnes rojas principalmente, y solamente los viernes. Durante la *cuaresma*, se prefiere el pescado o los *mariscos* como alimento. Con lo cual se establece la tradición de los **viernes de mariscos** en New Orleans, tradición que se observa en el menú de todo tipo de restaurantes, desde los grandes y tradicionales, hasta los de vecindarios y los de comida rápida. (Ver: *lenten menu*).
(Se dice: **lént**).

LENT=FAST: This is a Catholic mandatory fast time. It begins on *Ash Wednesday* and ends on *Easter* Sunday. The fast spans over a period of 40 days, not including Sundays, imitating Jesus' fast, and it's a preparation for the *Easter* or Resurrection Sunday. During *lent*, this fast is observed on *Ash Wednesday* and subsequently, every Tuesday and Friday until Good Friday. The tradition has changed through the decades, but the basic principle of abstinence continues in this city by the absence of red meat from the menus and, at present times, observed only on Fridays. During *lent*, fish and *seafood* are the foods of choice. This establishes the so called **Seafood Fridays** in New Orleans, a tradition that can be seen in all types of restaurants, from the big and traditional, to those small neighborhood restaurants and even in fast-food restaurants. (See: *lenten menu*).

LOUISIANA PURCHASE = COMPRA DE LOUISIANA:
El territorio de Louisiana era colonia de España desde 1762. Sin embargo, para pagar deudas, el reino español firmó el Tratado de San Ildefonso en 1800, cediéndole el territorio a Francia. En esos años, el territorio de Louisiana comprendía lo que hoy forman los estados de Arkansas, Missouri, Iowa, Oklahoma, Kansas, Nebraska, la parte de Minnesota al sur del río Mississippi, casi todo el territorio de Dakota del Norte, y Dakota del Sur, New Mexico, Texas, y partes de Montana, Wyoming y Colorado y el territorio del estado de Louisiana a ambos lados del río Mississippi; también incluídos estaban partes de lo que hoy son las provincias canadienses, Alberta y Saskatchewan. El tratado de San Ildefonso se mantuvo secreto por 3 años. Durante la primavera del año 1803, **Pierre Clement Laussat** fue enviado por **Napoleón** para tomar posesión de la colonia. Laussat arribó en New Orleans en Marzo de 1803, y en esa misma primavera, los Estados Unidos entraron en un acuerdo con Francia para comprar el territorio de Louisiana. El 30 de abril de 1803, el *Tratado de Compra de Louisiana* fue firmado por **Robert Livingston**, **James Monroe**, y **Barbé Marbois** en París. El presidente **Thomas Jefferson** anunció el tratado a los americanos el 4 de julio del mismo año. El 10 de Marzo de 1804, en el *Cabildo* de *St. Louis Cathedral*, se celebró la ceremonia oficial de la firma del tratado entre las autoridades de Francia y Estados Unidos. La transacción del nuevo territorio se hizo efectiva el 1 de octubre de 1804. La compra del territorio de Louisiana aumentó en un 23% el tamaño de los Estados Unidos, a un costo de $23.213.568. Esta compra no fue tan simple como aparenta, con muchos intereses políticos y económicos en juego. El acceso al puerto para la realización de negocios diversos fue el punto más importante en la adquisición del territorio de Louisiana. (Se dice: **luísiana pórches**).

LOUISIANA PURCHASE: The Louisiana territory was a Spanish colony since 1762. However, to pay debts, the Spanish crown had signed the St. Ildefonso Treaty in 1800, thus giving the territory to France. In those years, the Louisiana Territory was vast and contained all the present day states of Arkansas, Missouri, Iowa, Oklahoma, Kansas, Nebraska, Minnesota south of the Mississippi River, almost all of the territory of North Dakota, South Dakota, New Mexico, Texas, parts of Montana, Wyoming, and Colorado, and the territory of the state of Louisiana on both sides of the *Mississippi River*; also, included were the present day territories of Canada, Alberta and Saskatchewan. The Treaty of St. Ildefonso was kept a secret for 3 years. **Napoleon** sent **Pierre Clement Laussat** to take possession of the territory from the Spanish governor, and in March of 1803, he and his family arrived in New Orleans. During that same spring, the United States agreed to buy the Louisiana Territory form France. On April 30, 1803, the Treaty of the *Louisiana Purchase* was signed by **Robert Livingston**, **James Monroe** and **Barbé Marbois** in Paris. President **Thomas Jefferson** announced the Treaty to the American people on July 4th of 1803. On March 10, 1804, there was an official ceremony of the signing of the Treaty of the Louisiana Purchase between the French and the American authorities. The ceremony was celebrated in the *Cabildo* of *St. Louis Cathedral*. The purchase became effective October 1, 1804. The Louisiana Purchase increased the United States present territory by 23%, at a cost of about $23,213,568. The purchase was more complex than it appears, with many political and economic interests at play. Access to the port for business was the pivotal point for the acquisition of the Louisiana Territory.

LUNDI GRAS=FAT MONDAY= LUNES GORDO: El día anterior al *Mardi Gras*, es parte de los tradicionales festejos. Ya desde 1897, y por muchas décadas más, la gente esperaba la llegada del *Rey del Carnaval (Rex)* que arribaba en un bote de vapor a la rivera sur del *Mississippi*. En tiempos recientes, en las horas de la mañana, el rey *Zulu* también llega desde el *West Bank* hasta el embarcadero del *Waldenberg Park* en un bote de la Marina, acompañado por su reina y otros personajes. Durante las últimas horas de la tarde del *Lundi Gras*, algunas de las organizaciones van a la Plaza Española (**Spanish Plaza**) cerca del *Woldenberg Park*, y esperan la llegada de *Rex,* quien viene en bote desde la ciudad de Gretna. Entre ambos reyes declaran oficial el *Mardi Gras*. En 1994, **Harry Connick, Jr.**, famoso cantante nativo de New Orleans, fundó su propio *Krewe de Orpheus*, que desfila por la ruta *St. Charles Ave.* hasta *Canal St.* durante la noche del *lunes gordo*, anterior al *Mardi Gras*.
(Se dice: **lúndi-gra**).

MARCHING BAND=BANDA ESCOLAR: Bandas musicales que tocan los jóvenes estudiantes asociados a una escuela de segunda enseñanza; normalmente marchan adelante y atrás de las carrozas en desfiles como los del *carnaval*, desfiles del día de veteranos, desfile navideño, etc. En New Orleans, estas bandas ensayan prácticamente a través de todo el año escolar para poder participar y competir por premios durante los desfiles de *carnaval*. En las mejores escuelas de la ciudad, para estimular a los estudiantes, se les exige un promedio de notas elevado a quienes deseen participar en la banda.
(Se dice: **márching bánd**).

MARDI GRAS BABY DOLLS=MUÑECAS DE MARDI GRAS:
Esta tradición ya casi se ha perdido, aunque aún se puede observar en el vecindario *Tremé* y en el *French Quarter* durante el día *martes gordo*. Un grupo de mujeres adultas, en su mayoría entradas en años, se visten como bebés, con trajes de satín, pantaloncitos abombados, bonetes, y cargan biberón y chupete.
(Se dice: **márdi-gra béibi dóls**)

LUNDI GRAS=FAT MONDAY: The day before *Mardi Gras*, and an important part of the traditional festivities. Since 1897, and for several decades, people waited for the arrival of the *King of Carnival* who came in a stem boat, to the South shores of the Mississippi River. The tradition was that king *Rex*, accompanied by his Queen, navigated in a simple boat from the *West Bank* (Gretna) to the East margins of the river, next to where *Woldenberg Park* is presently located. In present times, that tradition includes the transportation of *King Zulu*, his Queen and city officials such as the Mayor of the city, in a Marine's boat. Near the end of the day on *Lundi Gras*, some *krewe* members wait at the **Spanish Plaza**, near *Woldenberg Park*, where kings *Rex* and *Zulu* meet, and together they declare the official *Mardi Gras* celebration. In 1994, native singer **Harry Connick, Jr.**, founded his own ***Krewe* de Orpheus**. This *krewe* parades on the *St. Charles Ave.-Canal St. route* during the evening of *Lundi Gras*.

MARCHING BAND: High school bands marching in front of or behind the floats at parade time are very popular, particularly during carnival season, *Mardi Gras*, Veteran's Day, Christmas Day parade, and many more. In New Orleans, the bands practice their skills throughout the academic year, so that they can participate and compete for prizes during *carnival* season. The best schools in town try to stimulate good grades by selecting the best students to become part of the school's band.

MARDI GRAS BABY DOLLS: This is an almost lost tradition, still can be observed around *Tremé* and the *French Quarter* neighborhoods during *Fat Tuesday*. A group of women, most of them past their youth, dressed in baby outfits, satin dresses, baby's shorts, bonnets, baby's bottle and a pacifier.

MARDI GRAS BALL = BAILE DE CARNAVAL: Al terminar el desfile, las organizaciones tienen un baile de gala, al que asisten únicamente los miembros y sus invitados. La lista de *balls* ha crecido desde sus orígenes. El primer baile fue el de Atlanteas en 1891; el de Original Illinois Club (la organización más vieja de Afro-Americanos) en 1894; el de Elves of Oberon en 1895; el de Nereus en 1896; el de High Priests of Mithras en 1897, seguidos por los de Olympians, Osiris, Achaens, Mystery, Caliphs of Cairo, Dorians and Prophets of Persia. En 1923 el baile de Mystic Club y en 1925 el del grupo Harlequins. Hoy en día, los más célebres y lujosos son los bailes de *Bacchus*, *Rex* y *Zulu*. Algunas organizaciones realizan sus bailes en teatros cerrados, *(tableau bal)* donde el público, con invitación especial, puede sentarse a observar el proceso de coronación de la reina de ese baile en particular, así como el baile en general. Es frecuente que el primer baile de la noche lo inicien al compás de la música de una vieja melodía conocida como: **If ever I cease to love. (Si alguna vez dejo de querer)**, considerada el himno oficial del carnaval.   (Se dice: **márdi-gra ból**).

MARDI GRAS CHINA = VAJILLA DE CARNAVAL: También conocida como **CUPS =VASOS PLÁSTICOS:** Son otros de los *regalos* que los miembros de las carrozas tiran a sus observadores. Esta frase es una manera satírica para referirse a esos vasos plásticos decorados con insignias y temas de cada *organización*. Son de origen relativamente reciente. (Se dice: **márdi-gra cháina; cóps**).

MARDI GRAS COLORS=COLORES DE MARDI GRAS: Son el **morado**, que representa justicia; el **verde,** que representa fe; y el **dorado**, que representa poder. Según un recuento tradicional, la organización *Rex* asignó tanto los colores como sus significados. Otros dicen que esos colores son los de la casa Romanoff de Rusia, en honor a quien se organizó el primer desfile de *Rex*. (Ver: *Rex parade* para más aclaraciones).
(Se dice: **márdi-gra cólors: pórpl, grín, góld**).

MARDI GRAS BALL: At the end of the parade, some of the *krewes* hold a gala ball for members and their guests. The list of *balls* has increased from the original. The first one was the Atlanteas in 1891. The Original Illinois Club (the oldest African American organization) in 1894. Elves of Oberon in 1895. Nereus in 1896. High Priests of Mitras in 1897, followed by Olympians, Osiris, Achaens, Mystery, Caliphs of Cairo, Dorians and Prophets of Persia. In 1923, the Mystic Club and in 1925, the ball of the Harlequins. Today, the most celebrated balls are those of *Bacchus*, *Rex*, and *Zulu*. Some clubs hold their gala balls in closed theaters *(tableau bal)* where the invited public seats and observe the coronation process of the queen for that particular ball, and the dancing of the "royalty". Often, the dance is initiated at the tune of an old melody, *"If ever I cease to love"*.

MARDI GRAS CHINA = PLASTIC CUPS: These are among the party favors or *throws* that the float riders throw to the observers on the streets. It is a sarcastic way of referring to plastic cups decorated with theme designs for each *krewe*. The tradition of throwing plastic cups is more recent.

MARDI GRAS COLORS: purple, green and gold: These colors respectively represent justice, faith and power, according to one traditional tale. Others say that these colors are those of the Romanoff House of Russia, in honor of whom the first *Rex parade* was organized. (See: *Rex Parade* for more information).

MARDI GRAS INDIANS = INDIOS DE CARNAVAL: Organizados como tribus ficticias de indios, algunas datan desde 1880; estos grupos de gente negra nativa de New Orleans desfilan en tribus que bailan, marchan y cantan, tocan música tradicional, vestidos a la manera de los indios, con despliegue de disfraces fabricados con plumas pintadas, bisutería de colores, etc., pero no tienen carrozas ni desfilan de manera organizada, sino más bien de manera casual con otros *desfiles* de carrozas. Algunas de estas tribus tienen más de 100 años de estar organizadas. En los primeros años, los desfiles eran una burla a los de las organizaciones blancas, al gobierno, e incluso a personajes locales. En New Orleans las tribus eran básicamente grupos que trataban de realzar sus disfraces en contraste con los de otros grupos en sus propios vecindarios. Aunque al principio eran grupos violentos, hoy en día se limitan a comparar y exhibir sus disfraces. Los **Indios de Downtown** usan bisutería y plumas en la confección de sus trajes; los **Indios de Uptown** usan collares plásticos, piedras brillantes y plumas. Aunque estas tribus se llaman *Mardi Gras Indians*, desfilan regularmente durante otras fechas, como durante el aniversario de su fundación y también durante el *festival de jazz*.
(Se dice: **márdi-gra índians; márdi-gra ínyuns**).

MARDI GRAS ROUTE = RUTA DEL CARNAVAL: Estas rutas por donde pasan las carrozas durante los desfiles, son pre-establecidas desde hace muchos años. Para evitar accidentes, la ruta se cierra con *barricadas*. Entre las rutas más populares están la de *uptown* que desfila sobre Napoleon Ave. (que puede salir desde Claiborne Ave. o desde *Magazine St.*), hasta *St. Charles Ave.* por donde marchan hacia *Canal St.*; y la ruta de *Mid-City*, que empieza en el *City Park* hacia *N. Carrollton Ave.* y luego continúa por *Canal St.* En años más recientes se han popularizado las rutas en el área de Veterans Blvd. para los residentes de Metairie; hay otras rutas en Slidell y otras en el *West Bank*.
(Se dice: **márdi-gra rút**).

MARDI GRAS INDIANS: These are groups of black New Orleanian citizens organized into fictitious Indian tribes, some of them since 1880. They do not have floats, but rather walk in a casual, disorderly manner among the *parades* or simply around neighborhoods while chanting, dancing and playing traditional music. They wear traditional Indian costumes that display colorful feathers and crystal beads. Some of these tribes are more than 100 years old. During the first years, these marching groups were a satirical response to the white organizations, to the government, and to local personalities. In New Orleans the tribes were basically groups trying to compete among themselves sometimes in an aggressive, violent way. In modern times, however, the tribes compete for the best costumes only. The **Downtown Indians** use crystal beads and feathers in the making of their elaborated costumes. The **Uptown Indians** use plastic necklaces, bright stones and feathers for their costumes. Even though they are called *Mardi Gras Indians*, these tribes have regular marches during different times of the year, be it celebrating their private anniversaries, or at the *jazz festival*.

MARDI GRAS ROUTE: The parade routes were selected many years ago. The floats are driven along the same streets, except on occasional emergency. To avoid accidents, the route is closed with *barricades*. Among the most popular routes are: the *uptown* (Napoleon Ave. from both ends, Claiborne Ave or *Magazine St.*, to *St. Charles Ave*, and to *Canal S*t.); and the *Mid-City* (from *City Park* to *N. Carrollton Ave.*, to *Canal St.*). In recent years, other popular parade routes include Veterans Blvd. for residents in Metairie, and others in Slidell, and on the *West Bank.*

MARDI GRAS KING=REY DEL MARDI GRAS: Este rey es el denominado *REX* (que en latín significa **rey**) quien desfila con la organización del mismo nombre, y es rey de la ciudad por un día. El *alcalde* de New Orleans le entrega las llaves de la ciudad, y a partir de ese momento, y hasta la media noche de ese martes, *Rex* es quien impone las reglas, principalmente las de comer, beber y divertirse sin límites, únicamente por ese día, sin que las autoridades intervengan. El ***rey de Mardi Gras*** es, como consecuencia, el ***rey del carnava***l.   (Se dice: **márdi-gra king**).

Nota: Cabe aclarar que, en los últimos años, a consecuencia del comportamiento obsceno de algunas personas, la policía puede intervenir, encerrando a los personajes obscenos en la cárcel municipal por unas horas.

MARDI GRAS QUEEN =REINA DEL MARDI GRAS: Es la damita que, elegida a través de un supuesto evento al azar, acompañará al rey de *Mardi Gras* durante el desfile y el baile. Se debe resaltar que, puesto que la organización *Rex* es elitista, ambos, el rey y la reina, son personajes de la alta clase social económica de New Orleans. La ***reina de Mardi Gras*** es también la ***reina del carnaval***.   (Se dice: **márdi-gra kuín**).

MARDI GRAS SKELETONS=ESQUELETOS DE MARDI GRAS: Esta es otra tradición de la comunidad afro-americana de New Orleans. Durante las horas tempranas de la mañana del *martes gordo*, hombres vestidos con camisas y pantalones negros, encima de los cuales se ponen un disfraz negro que lleva pintados en color blanco los huesos del cuerpo humano, con guantes igualmente pintados y máscaras con la calavera pintada en blanco también, recorrían los vecindarios de gente negra, haciendo toda clase de ruidos para despertar a los vecinos. El mensaje era: "**disfruten la vida mientras estén vivos, porque después de muertos ya no será posible**" Esta tradición se cree originaria de Haití, y que llega a New Orleans a través de la práctica del *voo-doo*. En la actualidad, los *esqueletos* de *Mardi Gras* se ven solamente en las cercanías del *French Quarter*, en el conocido Backstreet Cultural Center en el vecindario *Tremé*.   (Se dice: **márdi-gra skéletons**).

MARDI GRAS KING: This is the man who, as the **king of Fat Tuesday**, parades through the streets of New Orleans atop the Rex float (from the Latin **REX** means **KING**). The *mayor* gives him the keys to the city and, for that day and until midnight; the *Mardi Gras king* rules over the city. The rules are simple: eat, drink, and be merry all you want, only for these few hours and without police intervention. The *Mardi Gras king* is, therefore, the *king of carnival.*

Note: In recent years, and due to the obscene behavior of some tourists, the police force can intervene, locking up certain individuals for a few hours or until the next day.

MARDI GRAS QUEEN: This is a young lady that is supposedly elected by chance, and who will be sharing the *Mardi Gras* king's duties on *Fat Tuesday*. She will be toasted by the king at a particular point of the parade route, and during the ball, she will be coronate by the king. It must be noted that since the *Rex organization* is elitist, both the *king* and the *queen*, belong to the "high society" of New Orleans. The *queen of Mardi Gras* is also the *queen of carnival*.

MARDI GRAS SKELETONS: This is another tradition of the African American community in New Orleans. During the early morning hours on *Fat Tuesday* a few men dressed in black pants and shirts and a black costume with the skeleton painted in white color, gloves and a white skull-mask, run through the black neighborhoods making all sorts of scary noises to wake up the people. The message is: **"enjoy life while you are still alive, because after we die it will no longer be possible".** This tradition is believed to be from Haiti, and it arrived in New Orleans through the *voo-doo* practice. In present days, the *Mardi Gras skeletons* are seen only around the French Quarter, near the Backstreet Cultural Center and in the *Tremé* neighborhood.

MASKING= ENMASCARARSE: La tradición de enmascararse se cree proveniente de Roma. Las personas se cubren la cara para esconder su identidad. Durante la época de *carnaval*, algunas personas se comportan de manera inusual, o realizan acciones que en tiempo normal no son bien vistas socialmente, por ello se cubren la cara. Hoy en día, en New Orleans, aquellos que se consideran verdaderos nativos se disfrazan y enmascaran al menos durante el *Mardi Gras.* (Se dice: **másking**).

NO MASKING AFTER DARK= QUITARSE LA MÁSCARA DURANTE LAS HORAS NOCTURNAS: En 1868 se prohibió el uso de máscaras durante las horas de la noche, a consecuencia de actos de violencia que ocurrieron durante el año anterior. Miembros de la organización *Comus* fueron los únicos que tuvieron permiso para enmascararse durante su desfile nocturno. Hoy en día, el público usa la máscara principalmente durante el *Mardi Gras* en las celebraciones del *French Quarter*, durante las horas del día. (Se dice: **no másking áfter dárk**).

PARADE= DESFILE: Cada desfile es diferente, a veces pueden tener *carrozas*, autos convertibles, *bandas de estudiantes, fanfarrias, cimarronas*, bailarines, etc. Los desfiles de carnaval se detienen en ciertos tramos de la ruta asignada para que los jueces den sus opiniones acerca del vestuario, el tema, las decoraciones y la música asociada con cada grupo, *club,* o *carroza*. Además de los *desfiles* de *carnaval*, los hay de *Pascua* (*Easter*), del día de *San José*, del día de *San Patricio*, y muchos más. (Se dice: **paréid**).
    Nota: Al referirse a un <u>desfile</u>, no se debe decir "***parada***" pues ésta palabra significa el lugar donde para o se detiene el autobús u otro tipo de transporte público, pero <u>nunca</u> significa <u>desfile</u>. "<u>To parade</u>" en inglés significa "<u>caminar, pasear</u>, o <u>desfilar</u>".

RENEGADES=RENEGADOS: Miembros de otras organizaciones (*krewes*) con menos lujos, por tanto más accesibles a individuos que no son de la "flor y nata" de la sociedad de New Orleans (Ver: *Krewe of Mystic Orphans and Misfits, or MOMS*).
(Se dice: **rénegueids**).

MASKING: The tradition of masking is believed to have originated in ancient Rome. People covered their face to hide their identity during carnival, because they behaved in unusual ways, or did things that were not considered appropriate. Present time New Orleanians that consider themselves natives use the mask at least on *Mardi Gras*.

NO MASKING AFTER DARK: Because of violent actions that took place during the previous year, masking during night hours was prohibited in 1868. Only the *Comus krewe* had official permit to wear masks during their night parade. In today's tradition, people wear masks only on *Mardi Gras* day, and mainly *revelers* in the *French Quarter*.

PARADE: Every parade is different; some may have *floats* or open cars, *school bands*, *brass bands*, dancers, horses, etc. *Carnival parades* stop at certain places on their assigned route so that the judges can look at the main theme, the costumes, and the bands associated with each krewe. In New Orleans, there are *carnival parades*, *Easter parades*, *St. Joseph's parade*, *St. Patrick's parade*, and many more.

RENEGADES: These are members of less fancy *krewes*, which are more accessible to people that do not necessarily belong to the "high society" of New Orleans. (See: *Krewe of Mystic Orphans and Misfits, or MOMS)*

REVELERS = REBELDES: Aquellos que de una u otra forma participan de las actividades del *carnaval*. También es el nombre de una de las organizaciones(*Krewe de Revelers*) más antiguas del tradicional carnaval de New Orleans. (Se dice: **révelers**).

REX PARADE= DESFILE DEL REY: Este es literalmente el desfile del *Rey del Carnaval*. El primer grupo lo organizaron en 1872, se dice que en honor al Gran Duque Ruso Alexis Romanoff quien, enamorado de la actriz norteamericana LydiaThompson, llegó a New Orleans para cortejarla. *Rex* fue el primer grupo en desfilar durante las horas de la mañana del *Mardi Gras*, tradición que se conserva aún. Además, este grupo es responsable de haber establecido la mayoría de los símbolos que acompañan las celebraciones del *carnaval*: la *bandera*, los *colores*, el himno tradicional, los *doblones*. Hoy en día el desfile se origina en Napoleon Avenue, marcha sobre *St Charles Ave.*, donde *Rex* saluda a la *Reina del Carnaval* con brindis. (Se dice: **rex paréid**).

SAINT JOSEPH'S ALTARS = ALTARES DE SAN JOSÉ: Como parte de las celebraciones en honor a San José, patrono de los italianos, los negocios de inmigrantes de origen italiano levantan altares en las ventanas. Allí se coloca una imagen de San José y se exhiben comidas típicas italianas. Algunas escuelas y hogares privados también hacen sus propios altares y abren sus puertas al público; frecuentemente, los dueños de estas casas o negocios regalan galletas, dulces y hasta porciones pequeñas de otras comidas a los visitantes, y muchas de estas comidas son distribuidas a los más necesitados en la cuidad. Un fríjol de faba, (*Vicia faba*) bendito, es el regalo más conocido que se asocia con esta cotumbre. La historia dice que, durante las hambrunas sufridas en Sicilia, estos fríjoles verdes eran prácticamente lo único que crecía, convirtiéndose así en el único alimento que tenían los sicilianos pobres. El fríjol se empezó a llamar "el fríjol de la suerte", y la tradición dice que a quien tenga uno de estos en su bolsa nunca le faltará dinero. (Se dice: **séint yósef áltars**).

REVELERS: Those individuals who participate one way or another in the carnival activities. This is also the name of the oldest traditional private carnival club (*Krewe de Revelers.)*

REX PARADE: The *King of Carnival*'s parade, literally. Local folklore says that the first group was organized in 1872, in honor of the Great Russian Duke Alexis Romanoff. It is said that, because he was in love with American actress Lydia Thompson, he came to New Orleans to pursue her. *Rex* Krewe was the first to parade during the early morning hours on *Mardi Gras*, a tradition that is preserved. This *krewe* is responsible for having established most of the symbolism of *carnival* season: the *flag*, the *colors*, the song, and the *doubloons*. The parade starts on Napoleon Ave., going through *St. Charles Ave.*, where the *Queen of Carnival* is saluted and toasted by the *King of Carnival*.

SAINT JOSEPH'S ALTARS: Celebrations in honor of St. Joseph, patron of Italian- Americans. Business owners of Italian ancestry set up window altars in honor of their patron saint, where they place the image of St. Joseph as well as traditional Italian foods. The traditional St. Joseph's altars are also set up at some churches, schools and private homes, opening their doors to anyone who cares to visit them. Food samples, small rosaries, and other tokens are given to the visitors; food is also distributed to the needy in the city. A popular gift associated with this tradition is a blessed faba bean (*Vicia faba*). The story says that during the several Sicily's severe famines the faba beans were the only crops that thrived, and the only food that poor Sicilians had. People started to call this bean a "lucky bean", and popular lore says that those who have a faba bean in their pocketbook will always have money in it.

TABLEAU BAL= STAGE BALL =BAILE EN ESCENARIO o PLATAFORMA: Traducido del francés. Este baile lo celebran aún hoy en día algunas organizaciones sociales. Es la culminación del desfile de *carnaval*. Durante éste baile, únicamente el *rey*, la *reina* y la corte bailan al compás de ciertas melodías tradicionales, como **If ever I cease to love (Si algún día dejo de querer).** El público, que por invitación puede asistir a observar, permanece sentado en las butacas del teatro donde se celebra el baile. En algunos bailes de escenario, las esposas de los miembros de la organización social responsable por el desfile y el baile, son invitadas a bailar con su pareja. Este baile se conoce también como *bal masqué* o baile de máscaras, porque sus participantes están enmascarados. (Se dice: **tabló bal**).

THROWS = TIRADOS, ARROJADOS, literalmente. Equivalen a **FAVORS= SOUVENIRS: LOS REGALOS QUE TIRAN** los miembros desde las carrozas al público que está observando. Collares, *doblones*, *vasos plásticos*, flores, juguetes y otros artículos pequeños, y hasta *repollos verdes* y *cocos*, forman parte de la gran variedad de regalos. (Se dice: **zrós; feivors**).

THROW ME SOMETHING, MISTER! = ¡TÍREME ALGO SEÑOR!: Es el grito original del *carnaval*, donde los observadores desde las aceras y el *neutral ground* claman por algún *souvenir* a los miembros de las carrozas. (Se dice: **zróumi sómzing, míster**).

TWELFTH NIGHT REVELERS=REBELDES DE LA DOCEAVA NOCHE: El 6 de enero de 1870, esta organización desfiló por primera vez para dar comienzo oficial al *carnaval*. El grupo original duró solo 7 años, pero posteriormente se reorganizó. La principal función es celebrar el baile donde una damita *debutante* será elegida como la *reina* y otras como sus "damas de honor". El proceso de elección se llevaba a cabo con un trozo de *king cake*; hoy en día el tradicional pastel es substituido por una réplica de madera que tiene gavetas en la parte inferior, en las que se colocan varios frijolitos de plata y uno de oro; las damitas que reciben un frijolito de plata son las "damas de la corte", mientras que la afortunada que recibe el *frijolito de oro* es la *reina*.
(Se dice: **tuélf- nait révelers**).

TABLEAU BAL=STAGE BALL: From the French. This ball is still celebrated by some *carnival krewes*, often at a large theater. This is the final touch of the carnival *parade*. During this particular type of dance, only the *King*, the *Queen*, and their Court are allowed to dance to the traditional melodies such as **If ever I cease to love.** Guests are invited to seat and observe only. In some of these *tableau bals* the wives of the members of the *krewe* can be invited to dance. This type of ball is also known as *bal masqué*, because the participants are masked.

THROWS= FAVORS= SOUVENIRS: These are the gifts that the float riders throw to the parade goers. Plastic *beads*, *doubloons*, *plastic cups*, toys, flowers, many small trinkets and even *green cabbages* are some of the traditional throws.

THROW ME SOMETHING, MISTER! = This is the traditional carnival shout, when observers standing on the sidewalks and the *neutral ground* demand the favors from the float riders.

TWELFTH NIGHT REVELERS: On January 6 of 1870, the krewe of the Twelfth Night Revelers paraded for the first time, officially starting *carnival* season. The original group lasted only 7 years, but they reorganized later. Their main function is to celebrate a ball for *debutantes*, where one of them is going to be selected as the queen and the others will be her maids of honor. The selection process involves the use of a piece of *king cake*. Presently, the traditional *king cake* is substituted by a wooden replica, where the base has drawers, each one containing silver beans in all but one, that contains a *gold bean*. The young ladies that receive the silver beans become the maids of honor of the person who becomes their *queen*, by selecting the drawer with the *gold bean*.

**ZULU SOCIAL AID AND PLEASURE CLUB =
ORGANIZACIÓN ZULU PARA AYUDA SOCIAL Y
DIVERSIONES:** Esta organización nació en los primeros años de 1900, como respuesta a la discriminación a la que estaban sujetos los ciudadanos negros. Durante estos años, varios grupos de "beneficiencia y actividades sociales" que eran una parte muy importante entre las comunidades afro-americanas, ayudaban a sus miembros a pagar costos médicos así como costos de funerales. Al iniciarse la primera asociación de *carnaval*, tomaron el nombre de una pequeña obra de teatro acerca de la tribu africana Zulú. Debido a que la organización consistía principalmente de obreros de bajos salarios, fue necesario recurrir a disfraces de bajo costo; se utilizaron palmas, plantas crecidas en las márgenes del *río Mississippi*, y cualquier otra vegetación abundante. Embadurrarse la cara de color negro fue la respuesta económica al uso de *máscaras* elaboradas y de alto costo que usaban los miembros de otras organizaciones; algunos ciudadanos viejos dicen también que esta era una manera de indicarle a los blancos su orgullo de ser de la raza negra. Los *cocos* se usaron desde el principio como regalos. Las *carrozas* eran jaladas por mulas que iban por las calles de vecindarios de gente negra. Durante la época de la segregación racial, Zulu no podía desfilar en las calles principales de la ciudad. En 1968, finalmente se le concedió el permiso a esta organización para desfilar por *St. Charles Ave.* y por *Canal Street*. Zulu ha sido una de las pocas organizaciones integradas desde el principio, donde hombres y mujeres participan de todas las actividades. En la actualidad, los miembros de Zulu son casi todos profesionales. El primer Rey Zulu fue **Mr. William Story**, y entre otros famosos reyes se incluye a **Louis Armstrong** en 1949. Zulu es la organización que inicia los desfiles del día en *Mardi Gras*, comenzando a las 8:00 de la mañana. La reina Zulu no es elegida con el mismo proceso al azar de las de otras organizaciones.
(Se dice: **zúlu sóshal éid end pléshor clob**).

ZULU SOCIAL AID AND PLEASURE CLUB: This organization was founded in early 1900's as a way to counteract discrimination against black people. During these years several "social aid and pleasure" groups were an important part of the African-American communities, since they helped the neighbors pay for medical and funeral costs. When the first carnival association was organized, the group took the name from a small theater presentation about the Zulu African tribes. Since the organization was composed mainly of low salary-workers, it was only fit to choose low cost costumes; palm leaves, tall grasses from the edge of *Mississippi River*, and any other abundant vegetation. Another economic measure was to use mud to cover the face as a muck mask. *Coconuts* were used as throws from the very beginning. The *floats* were pulled by mules and passed by black people's neighborhoods. During the Segregation, Zulu was not allowed to parade on the main streets of New Orleans. Finally, in 1968, the city granted Zulu a permit to parade on *St. Charles Ave.* and on *Canal St.* Zulu has been an integrated organization from the start, where men, women and children participate in all activities. In present times, members of Zulu consist of representatives of different professions. The first Zulu King was Mr. **William Story**, and **Louis Armstrong** is among the famous kings of this organization, in 1949. Zulu parade commences the festivities on *Mardi Gras*, starting at 8:30 in the morning, rain or shine. The queen Zulu does not follow the same procedure as that of the other organizations.

3

COMIDAS Y PLATOS LOCALES

*"En otras partes del mundo la gente come para vivir,
en New Orleans vivimos para comer"*

(Refrán popular)

New Orleans es una de las ciudades con el mayor número de restaurantes por habitante. Hay restaurantes caros y lujosos a lo largo y ancho de la ciudad; algunos de estos restaurantes sirven a los turistas de todo el mundo, pero tienen salones privados para los residentes locales. También hay restaurantes de barrio, menos caros, de buena comida, que son verdaderas joyas culinarias, frecuentados por residentes de gusto refinado. En estos restaurantes las porciones de comidas deliciosas pueden ser enormes, el encanto del local es único, y donde gentes de todos los niveles socio-económicos se pueden ver a todas horas. La siguiente es una lista de las comidas y bebidas populares más conocidas de la ciudad.

Crawfish, papas, elotes y salsichón hervidos, calientes y picantes, listos para comer!

3

FOOD AND LOCAL CUISINE

"In other parts of the World people eat to live,
in New Orleans we live to eat".
(Popular saying)

New Orleans is probably one of the cities with highest number of restaurants per capita. There are fancy and expensive restaurants throughout the city; some of these expensive places cater to the tourists, with special rooms for the locals. There are the less expensive, but nevertheless good-food, neighborhood restaurants that are real gems frequented by the most savvy locals, where the portions of delicious food can be overwhelming, the charm of the place is unique, and people of all socio-economic levels can be seen at all times. Included is a list of well known, popular foods and beverages in the city.

Food and music are always present in New Orelans

"¡VAMOS A COMER!"

ANDOUILLE= CHORIZO O SALCHICHA AHUMADA: Traducido del francés. Este chorizo es de cerdo, aderezado con sal, pimienta negra y ajos; contiene poca grasa. Se usa en las sopas de *gumbo*, y en otras recetas. (Se dice: **andúi**).

ARTICHOKE=ALCACHOFA: (*Cynara cardunculus* var. *Scolymus*). Planta nativa de los países del Mediterráneo. Las partes comestibles son las **bractas** o corazón, que crecen en la base del pecíolo de flores inmaduras, llamado **choke** en inglés. Populares en la cultura culinaria de New Orleans, y heredadas de las tradiciones italianas. Buenos ejemplos son alcachofas rellenas con hierbas y queso (**stuffed artichokes**) y alcachofas horneadas, con ajos y aceitunas negras (**baked artichokes**). (Se dice: **árt-i-chouk**).

BASIL=ALBAHACA: (*Basilicus* sp.). Hierba culinaria muy olorosa, de hojas pequeñas que se usa mucho en la comida de tipo italiano y español, mediterráneo y *creole* en general.
(Se dice: **béi-zl**)

BEIGNET= BUÑUELOS: Palabra de origen francés, que literalmente significa **pastel frito.** Es un pastelito de harina de forma rectangular, frito en aceite y espolvoreado con azúcar refinada. Se dice que las *monjas Ursulinas* trajeron la receta original en 1727, a su llegada a New Orleans. Hoy día es especialidad del *Café du Monde*. (Se dice: **be-ñé**)

BIG SHOT =SODA=BEBIDA CARBONATADA: Hecha en New Orleans desde 1935. Este refresco tiene sabores de fresa, naranja y otras frutas. En la cultura africana, el hombre de negocios, adinerado, y con mucho éxito, es llamado "a **big shot**". En New Orleans, el "*Big Shot*" precede a las carrozas de *Zulu* en *Mardi Gras*, como símbolo de éxito económico.   (Se dice: **bíg-shot**).

"LET'S DO LUNCH!"

ANDOUILLE: A French sausage made with pork, seasoned with salt, black pepper and garlic, and a low fat content. Used for *gumbo* and other dishes.

ARTICHOKE: (*Cynara cardunculus* var. *scolymus*). A plant native of the Mediterranean countries. The edible parts are the **bracts**, or the **heart**, which grow from the base of a bud of immature flowers called a **choke**. Very popular in the New Orleans cuisine culture, inherited from Italian traditions. Examples are **stuffed artichokes** (with herbs and cheese), and **baked artichokes** (with garlic and black olives).

BASIL: (*Basilicus* sp.) Aromatic, culinary herb of small leaves and white flowers; it is often used in Italian and Spanish foods, as well as in Mediterranean and *Creole* foods.

BEIGNET: French term for a **fried pastry**. This is squared dough made of flour, deep fried in oil and bathed in confectionary sugar. It is said that the *Ursuline nuns* brought the recipe in 1727, when they arrived in New Orleans. Today, this is a *Café du Monde* specialty.

BIG SHOT =SODA: Made in New Orleans since 1935. This refreshment has different fruit flavors: strawberry, orange, and others. In the African culture, the businessman who has wealth and enjoys social status is called a "**big shot**". In New Orleans, the "**Big Shot**" *float* precedes the *Zulu parade* during *Mardi Gras*, as a symbol of economic status.

BISCUIT=PANECILLO: Mollete esponjado, pan redondo y pequeño hecho con harina, sal y mantequilla. Estos panecillos son parte importante de la comida *cajun*, pero ya se consumen prácticamente con todo tipo de comidas en el Sur. (Se dice: **bískit**).

BISQUE=SOPA O CREMA ESPESA: Traducido del francés. Casi siempre está hecha de mariscos; las más conocidas son de camarones, de *crawfish* y de pescado, pero también los hay de calabaza y de zanahoria. Para espesar la sopa, se usa harina y mantequilla.
(Se dice: **bísk**).

BLACKENED FISH=PESCADO ENNEGRECIDO, literalmente. La combinación de varias especias como paprika, pimienta de cayena, pimienta negra, ajo en polvo y tomillo seco, constituyen el aderezo que se usa para ennegrecer el pescado. La técnica de cocimiento con aceite a fuego tan caliente cristaliza el aderezo en el que el pescado esta envuelto, adquiriendo asi el color negro brillante.
(Se dice: **blákend fish**).

BLACK-EYED PEAS= COW-PEA= FRIJOLITOS DE OJO: (*Vigna sinensis*). Estos frijolillos de color crema o rosado pálido tienen un punto negro en el pecíolo, que se asemeja a un ojo. Típicos de la *comida soul*; se cocinan con cerdo, o solos, con cebolla y otros condimentos. Una tradición sureña dice que es de buena suerte comer de estos fríjoles el día de año nuevo.
(Se dice: **black-áyd-piz**)

BREAD PUDDING = BUDÍN DE PAN: Este postre es uno de los más populares en los restaurantes tradicionales de New Orleans. Se sirve caliente y bañado en una salsa caliente de azúcar y licores. Cada restaurante tiene su propia variedad de la receta del budín y de la salsa. (Se dice: **bred púdin**).

BISCUIT: Small roll, round, soft, made with flour, salt and butter. These rolls are a very important part of *Cajun food*. But, in the South, they are consumed practically with all types of food.

BISQUE= THICK SOUP=CREAM: From the French. It is often made with seafood; the best known are made with *shrimp, crawfish,* and fish, but there are recipes with *pumpkin* and carrots. The soup is thickened with flour and butter.

BLACKENED FISH: The combination of several spices such as paprika, cayenne pepper, black pepper, powder garlic and dry thyme, are used to blacken the fish as it is cooked. The cooking method includes oil at a very hot temperature; when the fish is rolled in the mixture of spices, it is set into this oil; the spices crystallize and acquire a black bright color.

BLACK-EYED PEAS= COW-PEA: (*Vigna sinensis*). These small, rounded, and cream or pink colored beans have a black spot in the center, similar to an eye. These are popular in the *soul foods*, cooked with pork, or alone with onions and other spices. One Southern tradition says that it is good luck to eat these beans on New Year's Day.

BREAD PUDDING: A very popular dessert in traditional New Orleans restaurants. It is served hot and bathed in a sauce of sugar and liquor. Each restaurant has its own version of the pudding and of the sauce recipes.

BOUILLABAISSE= BOILED SOUP =SOPA HERVIDA: Del francés **bouillir** o **hervir**. La receta más conocida es parecida a una sopa de mariscos que incluye pescados de dos sabores opuestos, (*trout* y *grouper*), *ostras*, *camarones*, azafrán, pimienta de cayena, paprika, así como otras especias y condimentos.
(Se dice: **buiabéz**).

BOUDIN BLANC= WHITE SAUSAGE= CHORIZO, SALCHICHA O SALCHICHÓN BLANCO: Hecho de cerdo, arroz y especias picantes, muy popular en el sur de Louisiana. Existe el **boudin rouge (chorizo rojo)**, al que se le agrega la sangre del cerdo para darle color. Este tipo de chorizo es una versión del **boudin noir** francés (**mortaja**). El *boudin* se sirve frío o caliente al desayuno en los hogares *cajun*.
(Se dice: **budán blan; budán rush, budán nuár**).

CAFÉ AU LAIT= COFFEE WITH MILK =CAFÉ CON LECHE: Nombre francés para el tradicional café fuerte con leche; popularizado por el *Café du Monde.* (Se dice: **café o-lé**).

CAFÉ AU CHICORY= COFFEE WITH CHICORY =CAFÉ CON ACHICORIA: traducido del francés. Durante la Segunda Guerra Mundial, con la escasez del grano de café, los sureños, especialmente los franceses, empezaron a tomar una mezcla de café y raíz molida de *achicoria (chicoria)* para hacer el sabor más fuerte con poco café. Hoy en día se considera que el café de New Orleans es más original si tiene achicoria, por lo que hay en el mercado mezclas especiales. (Se dice: **café o-chícori**).

CAFÉ BROULOT = CAFÉ BRULOT: Al estilo francés. Este café es "negro como el diablo y caliente como el infierno", colado al estilo latinoamericano, lentamente, fuerte y con frecuencia mezclado con especias como clavo de olor y canela, rociado con coñac y vermouth. El ritual involucrado al servirlo, con llamas y con delicadeza, es parte importante del disfrute de esta tacita de café.
(Se dice: **café bruló**).

BOUILLABAISSE=BOILED SOUP: Literally translated from the French, since **bouillir** means to **boil**. The best known recipe is very similar to a seafood soup, which includes two opposite flavored fish (*trout* and *grouper*), *oysters*, *shrimp*, saffron, cayenne pepper, paprika, and other condiments.

BOUDIN BLANC: WHITE SAUSAGE: Made with pork, white rice and spicy spices, very popular in South Louisiana. There is **boudin rouge** to which the pig's blood is added for color. This type of sausage is a version of the French **boudin noir**. *Boudin* is served in *Cajun* homes at breakfast, and it can be hot or cold.

CAFÉ AU LAIT=COFFEE WITH MILK: This is the name for the traditional strong coffee, served with milk. Popularized by *Café du Monde.*

CAFÉ AU CHICORY=COFFEE WITH CHICORY: During Word War II, coffee beans were scarce, and Southerners, particularly the French, started to drink a mixture of coffee and ground *chicory* roots to make the flavor stronger with fewer coffee beans. Today it is thought that New Orleans coffee is more original if it has chicory, and several mixtures of these plants can be found in the markets.

CAFÉ BROULOT: French style of coffee "black as the devil, and hot as hell"; dripped like in Latin America, slowly, strong, and mixed with clove and cinnamon, sprinkled with cognac and vermouth. The ritual involved in the serving process, with flames and delicacy, is part of the enjoyment of the small cup of coffee.

CAFÉ NOIR= BLACK COFFEE =CAFÉ NEGRO: traducido del francés. El café lo cuelan fuerte, y en New Orleans, frecuentemente le agregan *achicoria*. (Se dice: **café nuár**).

CAJUN FOOD = COMIDA ACADIANA: Este tipo de comida es diferente de otras como la *criolla*, la *sureña*, la francesa o la caribeña que se consumen en New Orleans. La comida acadiana se caracteriza por el uso de mariscos, aves silvestres como patos y palomas, vegetación silvestre y hierbas diferentes. No es picante, y en su mayoría es frita en aceite. (Se dice: **kéiyon fud**).

CAJUN POP-CORN=PALOMITAS ESTILO CAJUN: colas y trozos de *crawfish* picantes y fritos, que se sirven como bocadillos. El tamaño y la forma que los *crawfish* toman al freirse recuerdan a la de las palomitas de maíz. (Se dice: **Kéiyon pop-korn**).

CALAMARI =SQUIDS = CALAMARES: (*Loligo vulgaris*); traducido del italiano. Muy popular en los platos de origen italiano. **Fried calamari** o calamares fritos, son particularmente sabrosos como bocadillos. (Se dice: **kalamári; skuíds**).

CALAS= CALLAS = RICE FRITTERS= CROQUETAS DE ARROZ: Este postre, hecho con arroz cocido, harina, azúcar y huevos, es tradicional en las celebraciones después de los bautizos y confirmaciones entre las familias *creole*. Se cree que son originarias de regiones de Africa del Oeste. Las croquetas se sirven calientes y espolvoreadas con azúcar refinado. (Se dice: **Kála**).

CALZONE=ITALIAN-TURNOVERS=EMPANADAS ITALIANAS: Empanadas grandes, hechas con harina de trigo, horneadas, y rellenas de una diversidad de ingredientes (camarones con queso, o carne con queso, espinacas, y muchos otros ingredientes) son populares dentro de la comida italiana que también es parte de la comida típica de New Orleans.
(Se dice: **calzóne**).

CAFÉ NOIR=BLACK COFFEE: French term for a strong dripped coffee, which in New Orleans has *chicory* added to it.

CAJUN FOOD: This type of food is different from others such as *Creole*, *Southern*, French or Caribbean which are popular in New Orleans. *Cajun* food is characterized by the use of seafood, wildfowl such as ducks and doves, wild vegetation and different herbs. This food is not spicy, but is almost always fried in oil.

CAJUN POP-CORN: Tails and pieces of spicy *crawfish* are deep-fried and served as a side dish. The size and shape that the *crawfish* takes resemble that of pop-corn.

CALAMARI =SQUIDS: (*Loligo vulgaris*). Italian word. This seafood is very popular in Italian dishes. **Fried calamari** are particularly good as snacks.

CALAS=CALLAS=RICE FRITTERS: This desert, made with cooked white rice, flour, sugar and eggs, is traditionally served at christenings and confirmations in Creole families. Believed to be of West African origins. *Calas* are served while hot, sprinkled with confectionary sugar.

CALZONE=ITALIAN TURNOVERS: These large turnovers, made with wheat flour and baked, are filled with a diversity of ingredients (shrimp and cheese, meat and cheese, spinach and other ingredients), are very popular in the Italian menus, also important in the New Orleans traditional foods.

CANNOLI= ROLLED PASTRY =ARROLLADO de pasta dulce, parecido al canelón y relleno con crema dulce de diferentes sabores. Es un postre italiano muy popular en New Orleans, que se consume con frecuencia durante el *brunch* o después de la cena dominical. (Se dice: **canóli**).

CASHEWS=SEMILLAS DE MARAÑÓN:
(Anacardium occidentale). Arbusto que crece en la América tropical, cuyos frutos carnosos se usan para postres; las semillas en forma de riñón se secan al sol. Estas son importadas, y son muy importantes en la confección de postres (cajetas) y otras recetas. (Se dice: **cashúz**).

CATFISH=PEZ-BARBUDO=BAGRE=CUMINATE: *(Ictalurus punctatus)*. Es muy popular en la comida sureña, principalmente la llamada *soul*. Hoy en día se cultiva en canales, y algunos lo consideran una delicadeza. Era otra de las alternativas alimenticias a la que tenían acceso los esclavos, quienes los pescaban en los riachuelos cercanos a las plantaciones donde estaban confinados. Casi siempre se cocina frito, envuelto en una mezcla de harina de maíz y especias. (Se dice: **cátfish**).

CHICORY=ACHICORIA= CHICORIA: *(Chicorium intybus)*. Planta compuesta, de raíces y hojas amargas, una de cuyas variedades se emplea como sustituto del café. Se usa una mezcla de las raíces molidas de esta planta con café molido, para darle a éste un sabor más fuerte. (Se dice: **chícori**).

CHITLINGS=CHITLINS=CHITTERLINGS=PIG'S INTESTINES = INTESTINOS DE CERDO: Plato típico de las familias Afro-Americanas *(soul food)*; preparado con intestinos de cerdo, parecido al **mondongo** o **tripa** de res que cocinan los españoles (como los **callos a la Valenciana**). Durante la época de la esclavitud, los dueños de las plantaciones consumían mucho cerdo, y a los esclavos les quedaban solo aquellas partes que los blancos no comían: los intestinos, las patas, la piel, el rabo. Para cocinar estas partes, se necesitaba ingenio al inventar las recetas. La receta es simple, con cebollas y chiles picantes. (Se dice: **chít-linz**).

CANNOLI= ROLLED PASTRY: This is made of sweet dough, and it is similar to cannelloni, but it is filled with sweet cream of different flavors. This Italian dessert is very popular in New Orleans, during *brunch* or after Sunday's dinner.

CASHEWS: *(Anacardium occidentale).* These come from a shrub that grows in Tropical America; the meaty fruits are used for desserts; the seeds, which have a kidney shape, are sun dried and salted. These seeds or "nuts" are important in the making of sweets and in other dishes as well.

CATFISH: *(Ictalurus punctatus).* A very popular fish in southern cuisine, particularly in the *soul* foods. Nowadays, this fish is cultivated in channels and is considered by some to be a delicacy. However, in the past this was another alternative food for the slaves, who fished in the *bayous* and rivulets close to the plantations where they were confined. The fish is almost always covered in a mixture of cornmeal and spices and pan fried.

CHICORY: *(Chicorium intybus).* Perennial herb, with sour roots and leaves, and used as a substitute of coffee. The ground roots are mixed with ground coffee to give it a stronger taste.

CHITLINGS= CHITLINS = CHITTERLINGS = PIG INTESTINES: This is a typical plate in some African-American families *(soul food)*; it is made with the clean intestines of pigs, very much like the Spanish "**callos**" or "**mondongo**" made of cows' intestines. During slavery times, the owners of the plantations ate pork meat, but the slaves ate those parts that the whites discarded: the intestines, the feet, the skin, and the tail. Cooking of these parts was an improvisation driven by necessity. The recipe is a simple one, and includes onions and red spicy peppers.

COCHON DE LAIT=SUCKLING PIG=CERDO LACTANTE = LECHÓN: En la cocina *cajun* un cerdito de unas 80 a 100 libras, se limpia por dentro y por fuera, pero no se le quita la piel. El cerdo se rellena con diferentes especias, como ajos, cebollas, salsas, mezclas de hierbas culinarias típicas de la cocina *cajun* y hasta con líquido de cangrejos. Luego se estira, generalmente amarrado de las extremidades, y se asa sobre las llamas durante 8 o más horas. Para que todo el cerdo esté expuesto al fuego, se utiliza el método de "asado rotante" al estilo de los "pollos a la leña" de algunos países en Latinoamérica. Este plato, favorito en las reuniones de gente *cajun*, es más que una comida: es una reunión social, donde los cocineros, amigos, vecinos e invitados se reúnen cerca del fuego a bromear, comentar noticias, intercambiar chismes, etc.
(Se dice: **coshón de lé**).

COLLARD GREENS = **HOJAS VERDES:** (*Brassica oleracea*). Parecidas a las hojas de mostaza (*Brassica* sp.), aunque son dos especies totalmente diferentes. Muy popular en las comidas *soul*. Se cocinan sancochadas con cebolla y ajos picados, especias y a veces con trocitos de tocineta frita. Parte del menú del día de año nuevo incluye este platillo, junto con el repollo, "para la buena suerte".
(Se dice: **cólard grins**)

CORN BREAD = **PAN DE MAIZ:** Estos panecillos son parte del menú *soul*; se confeccionan con harina de maíz, y se sirven calientes.
(Se dice: **korn bred**).

COURTBOUILLON = **TIPO DE CALDO, O BASE** de pescado de carne roja, originalmente usado para hervir otros mariscos. En la comida *cajun*, se ha transformado casi en un tipo de *roux*, muy condimentado; contiene vino blanco, sal, pimienta negra, perejil, zanahorias, cebollas, harina, mantequilla, clavo de olor, mariscos y gallina o pollo, que se hierven ligeramente. (Se dice: **curbuiyón**).

COCHON DE LAIT = SUCKLING PIG: (*Sus scrofa*). In *Cajun* cooking, a small pig of 80 or 100 pounds is cleaned inside and out, leaving the skin on. The piglet is filled with different spices, such as garlic, onions, sauces, herbs, and even crabs juices. The piglet is stretched with his feet tied, and it is cooked at a very slow flame for about 8 or more hours. To insure that the whole pig is cooked, it is tied to a rotating pole, or a BBQ style. The activity is a favorite of *Cajun* people, and it is more than a type of food: it is a social reunion where the cooks, friends, neighbors and guests get together around the fire for conversation, news, gossip, and jokes.

COLLARD GREENS: (*Brassica oleracea*). Very similar to mustard leaves (*Brassica* sp.), but are two different species. Collard greens are popular in *soul food* dishes. The leaves are slowly cooked with onions and garlic, spices and sometimes even small pieces of bacon. The New Year's menu includes this dish, along with green cabbage, "for good luck".

CORN BREAD: In the soul food menu, this bread is made with cornmeal, and served while still hot.

COURTBOUILLON: a broth, sauce or base made of red meat fish, originally used to boil other sea foods in it. In *Cajun* cuisine, however, this base is almost a *roux*, with spices, white wine, salt, black pepper, parsley, carrots, onions, flour, butter, clove, seafood or poultry, which are boiled for a very short time.

CRABS = CANGREJOS: (*Uca sp.*) Forman parte muy importante de platillos como sopa de *gumbo*, *jambalaya*, mariscadas, y hasta se comen solos, después de hervirlos con especias, chiles picantes y papas enteras. Hay recetas de cangrejos rellenos (**stuffed crabs**) y de tortas de cangrejo (**crab cakes**). De nuevo, la tradición nace de la necesidad de los esclavos, quienes acudían a todo tipo de recursos para alimentarse. (Se dice: **krabs; stofd krabs; krab kéiks**).

CRACKLINGS = CHICHARRONES: Piel de cerdo frita y tostada, al estilo latinoamericano y del Caribe. (Se dice: **kráklings**)

CRANBERRY = ARÁNDANOS: (*Vaccinium myrtillus*). Estos frutillos rojos, como cerezas pequeñas, se usan principalmente en la confección de una especie de mermelada, la cual se come junto con la carne de pavo durante la comida de *Thanksgiving*. (Se dice: **kránberri**).

CRAWFISH = ESPECIE DE LANGOSTINO: (*Procambarus clarkii*) Crustáceos que crecen en el fango de los manglares; por esta razón, se les conoce también como "**bichos del barro**". Estos crustáceos son ingredientes importantes en la comidas *cajun* y *creole*, en platos como estofado de crawfish (**crawfish étouffée**) y pastel de crawfish (**crawfish pie**); el hervido de crawfish (**crawfish boil**) tiene papas enteras, trozos de elote (mazorca, choclo) y especias picantes. (Se dice: **crófish; crófish etufé; crófish pay**).

CREOLE FOOD= COMIDA CRIOLLA: Es una combinación de comidas de influencia española, francesa, y latinoamericana. El gusto español por los condimentos y las delicadezas francesas, crearon éste estilo de comida original de Louisiana. Este tipo de comida también tiene influencia indígena y africana a través de los esclavos, principalmente en el uso de las hierbas y tubérculos. Así mismo, este tipo de comida por lo general es rica en especias y es picante pero no es frita en aceite, sino más bien cocida a fuego lento o al vapor (*étouffée*). En la actualidad, hay influencia de la cocina italiana y alemana en la confección de la comida criolla. (Se dice: **críol fud**).

CRABS: (*Uca sp.*) These are important in dishes such as *gumbo*, *jambalaya*, and *seafood* platters; they can be eaten alone, after boiling with spices, hot peppers and whole potatoes. There are different recipes: **stuffed crabs** and **crab cakes** being the most famous. Here again, the tradition of eating these creatures is born out of necessity of the slaves, who used all types of resources to feed themselves.

CRACKLINGS: Fried pork skin, like it is cooked in the Caribbean and in Latin America.

CRANBERRY: (*Vaccinium myrtillus*). These red berries are used to make a sweet marmalade that is eaten with turkey meat at *Thanksgiving* dinners.

CRAWFISH=CRAYFISH: (*Procambarus clarkii*) Crustaceans that grow in the mud of the mangrove swamps; for this reason, they are also known as **mudbugs**. These are ingredients in *Cajun* and *Creole* foods, such as **crawfish étouffée** and **crawfish pie**; a **crawfish boil** has potatoes, corn on the cob and hot spices.

CREOLE FOOD: This type of food results from the combined influences of Spanish, french and Latin American dishes. The taste of the Spanish for the spices and the delicate french taste created this food style which became a Louisiana original. There are other influences in this style of cooking: native Indians and African slaves had a taste for herbs and tubers. Thus, *Creole* foods are rich in spices, spicy and slowly cooked, or *étouffée*, but never fried. In modern times, there is also Italian and German influence in *Creole* foods.

CREOLE MUSTARD=MOSTAZA CRIOLLA: (*Brassica sp*). Semillas de mostaza, molidas y preparadas con pimienta, algunas veces con chile picante, vinagre, al estilo de la mostaza francesa. Se usa como aderezo en platillos criollos como **shrimp remoulade** (camarones con salsa remoulade).
(Se dice: **críol móstard; shrimp rémulad**).

DIRTY RICE=ARROZ SUCIO: Arroz que se cocina con hígados, mollejas de pollo y especias, con lo que adquiere un color café o "sucio". Popular en la comida *soul*.   (Se dice: **dérti ráis**).

DRESSING=ADEREZO: El aderezo tiene variaciones; los hay para ensaladas, para pescados y mariscos en general y para emparedados. Pueden consistir solamente de vinagre y sal, o también de mayonesa, salsas de tomate, especias y hasta hojas de lechuga picadas junto con chile dulce, trozos de tomate y otros ingredientes como las que se usan para los emparedados.
(Se dice: **drésing**).

EGGPLANT=AUBERGINE=BERENJENA
(*Solanum melongena*) Esta fruta se considera un vegetal en la cocina de Louisiana. Hay una gran variedad de platos preparados con la berenjena: cacerola de berenjena (**eggplant casserole**) berenjena rellena de cangrejo (**stuffed eggplant with crabs**), berenjena a la Napoleón (**eggplant Napoleon**), y muchos más. Esta es otra de las muestras de la influencia de la comida italiana en New Orleans.
(Se dice: **égplant; ég-plant cáserol; stófd égplant uiz crabs**).

ÉTOUFFÉE = SMOTHERED = ESTOFADO: Método que se logra cuando los alimentos se cocinan al vapor o a fuego lento. Los platos más conocidos en este estilo de cocción son **crawfish étouffée** y **shrimp étouffée**. Ambos incluyen especias, condimentos, harina de maíz, salsa de chiles picantes, tomate, y agua.
(Se dice: **étufé; crófish étufé; shrimp étufé**).

CREOLE MUSTARD: Mustard seeds are grounded and prepared with black pepper, sometimes with hot peppers, and vinegar, very much like French style mustard. It is used in *creole* dishes such as **shrimp remoulade**.

DIRTY RICE: This style of rice is cooked with chicken livers and gizzards, and spices, giving the rice a brownish or "dirty" color. Popular in *soul foods*.

DRESSING: There are several variations for a dressing; there are some for salads, others for fish and seafood, and others for sandwiches. A dressing may be only vinegar and salt, or mayonnaise, tomato sauces, spices, and even chopped lettuce leaves with bell peppers, tomatoes and much more.

EGGPLANT = AUBERGINE: (*Solanum melongena*). This fruit is considered a vegetable in Louisiana. There are several popular dishes, such as **eggplant casserole**, and **stuffed eggplant with crabs**, **eggplant Napoleon**, and more. This is another Italian influence in the New Orleans food scenario.

ÉTOUFFÉE = SMOTHERED: A French word for this cooking method, which is attained by cooking foods at a very slow fire or by vaporization. Some of the most famous dishes cooked in this manner are **crawfish étouffée** and **shrimp étouffée**. Both include spices, corn flour, hot chili sauces, tomato and water.

FILÉ = SEASONING = CONDIMENTO de hojas de Laurel: Vocablo de los indios **Chactaw**, que significa "**hacer hilos**". Estas son las hojas molidas de una de tantas especies de árbol de laurel americano (*Sassafras albidum*) que se usa en algunos platillos de origen criollo, francés y *cajun*, para espesar las salsas y sopas. Al agregarse a la sopa, el condimento toma la apariencia de largos hilos color claro-oscuro que circulan dentro de la olla. Le da un agradable sabor semi-amargo a la comida. Hay que saber usar este condimento para no estropear el plato. No se debe de usar filé en la confección de *gumbo* si éste tiene *okra*, pues la combinación del laurel con la *okra* produce un sabor fuerte desagradable. Por ello se cocina de dos estilos: **seafood gumbo filé** y también **okra-seafood gumbo**. (Se dice: **filé; sífud gómbo filé; okra sífud gómbo**).

FRY BREAD = FRY BREAD = PAN FRITO: Este tipo de pan continúa siendo una tradición entre los indios de la tribu **Houma** en Louisiana. Fue un recurso al que acudieron los indios nativos del país, después de haber sido confinados a las reservaciones en las que el gobierno de los Estados Unidos los obligó a vivir en los años de 1800. El pan esta hecho con lo que el gobierno les daba para su sustento: harina de maíz, harina de trigo, huevos, leche, miel y vainilla. La mezcla, en forma de tortilla grande, se fríe en aceite muy caliente, y como tiene levadura, se abomba en el proceso. También, sin la miel, lo sirven con frijoles, carne molida y queso, y les llaman **tacos indios**, o **tacos navajos**. Popular durante el *festival de jazz*. (Se dice: **frái bred**).

GREEN CABBAGE STEW = COCIDO DE REPOLLO VERDE: Este plato es parte del menú del día 1° de enero, para atraer la buena suerte. Se cocina al vapor, picado, con especias y jamón. Es también parte del menú *soul*. (Se dice: **grin-kábash stú**).

GRILLADES = RODAJAS DE CARNE FRITAS: cubos de carne que se machucan hasta convertirlos en rodajas, son cocidas con chiles, pimientas, cebollas, apio, harina, agua y vinagre en cazuelas de hierro. Son parte del menú del *brunch* dominical. Se sirven sobre *grits* o arroz blanco. Populares entre todos los ciudadanos de New Orleans: ricos, pobres, blancos y negros. (Se dice: **gri-yáds**)

FILÉ: SEASONING made from Laurel leaves. This word is from the **Chactaw** Indians, and it means "**to make threads**". The leaves of the American Laurel (*Sassafras albidum*) used in some *Creole*, French and *Cajun* dishes, to thicken sauces and soups. When the seasoning is added to the soup, it takes the shape of long threads of clear and dark colors that circulate inside the pot. The *filé* gives a pleasant semi-sour flavor to the food. In order to prevent spoiling the dish, the cook must know how to properly use this seasoning. *Filé* should never be used in the cooking of gumbo with *okra*, since the combination of Laurel and *okra* gives a very strong unpleasant flavor to the food. This is why the seafood gumbo is cooked in different ways: as in **seafood gumbo filé** and as in **okra-seafood gumbo**.

FRY BREAD = FRYBREAD: This type of bread continues to be a tradition among the **Houma** Indians in Louisiana. This was a resource to which the native Indians were forced after they were confined in reservations during the 1800. They made the bread with the ingredients provided by the government: corn flour, wheat flour, eggs, milk, honey and vanilla. The mixture is shaped like a large tortilla and it is fried in very hot oil, where it rises. Often times, the bread is served with beans, ground meat, and cheese, and it is called **Indian tacos** or **Navajo tacos**. In New Orleans is a popular dish at the *jazz festival.*

GREEN CABBAGE STEW: This dish is also included in the New Year's dinner menu, to bring good luck. It is steamed with spices and chopped jam. The dish is popular in *soul* foods.

GRILLADES = FRIED SLICED MEAT: Veal, beef or pork cubbed and smashed to form slices are seasoned with peppers, garlic onios and flour, then fried in an iron skillet along with tomato, celery, onions, water and vinegar. These are part of the Sunday *brunch*. The slices are served over *grits* or over white rice. The dish is popular among all New Orleanians: rich, poor, white or black.

GRITS= CORN PORRIDGE= GACHAS DE MAÍZ = ATOLILLO DE MAÍZ: Plato tradicionalmente *sureño*. Se hace con maíz molido, al que se le agrega agua y mantequilla para cocinarlo lentamente, revolviéndolo continuamente para que no se pegue al fondo de la olla, hasta que adquiere cierta consistencia espesa. No tiene ningún sabor especial, ni dulce ni salado; hay quien le agrega queso, otros le agregan dulce, al momento de comerlo. Se sirve como complemento de desayunos y algunos almuerzos.
(Se dice: **grits**).

GROUPER = CABRILLA: *(Epinephelus sp.)* Tipo de pescado de profundidad, en mares cálidos, con sabor fuerte.Se usa en la confección de sopas *bouillabaisse* de pescado.
(Se dice: **grúper**).

GUMBO = GUMBO SOUP = SOPA DE GUMBO: Esta sopa es una versión de la sopa de mariscos, cuya base está hecha con *okra*. Hay variedades de esta sopa, desde las de mariscos que incluyen pescados, camarones, ostras y cangrejos, hasta la de solamente pollo o solamente camarones. Además, siempre lleva otro ingrediente importante: el salchichón estilo español. Antiguamente se utilizaban los restos de los vegetales y las carnes y mariscos de la semana para confeccionar esta sopa que se servía los días sábados y domingos, cuando no había productos frescos por la falta de refrigeración. Esta sopa se sirve sobre arroz blanco. Es el plato típico por excelencia, junto con el arroz *jambalaya*. Hay dos versiones sobre el origen de la palabra **gumbo**: una dice que es una adaptación de **kombo**, que es como los indios de la tribu **Choctaw** llaman al laurel con cuyas hojas molidas se hace el *filé*. La otra versión dice que se deriva de la palabra **kingombo**, usada por la gente negra de habla francesa de Africa para denominar a la *okra* con que espesaban la sopa.
(Se dice: **gómbo; gámbo**).

GRITS = CORN PORRIDGE: This dish is a southern tradition. It is finely grounded corn, slowly cooked with water and butter, making sure to stir the mix constantly so that it will not stick to the bottom of the pot, until it acquires a porridge consistency. It has no particular flavor, for it is neither salted nor sweet; some people eat it with cheese, others with sweet syrup. It is served as a side dish at breakfast or at lunch time.

GROUPER: (*Epinephelus* sp.). Deep sea fish from warm oceans. It has a strong flavor. It is used for confection of *bouillabaisse*.

GUMBO = GUMBO SOUP: This soup is another version of a seafood soup, and its base is made with *okra*. There are several variations of this soup, from those that include fish, *shrimp, oysters* and *crabs*, to those that include only chicken or only *shrimp*. The soups always have another important ingredient: spanish sausage. In older times, the week's leftover vegetables, seafood and meats were used to make this soup on Saturdays and Sundays, when fresh produces were not available because of the lack of refrigeration. The soup is served over white, fluffy rice. Along with *jambalaya*, this is one of the most typical dishes in Louisiana. There are two versions about the origins of the word **gumbo**: one says that this is an adaptation of the word **kombo**, which is how the **Chactaw** Indians called the Laurel tree from which *filé* is made. The other version says that the word derives from **kingombo**, used by French-speaking black people from Africa to name the *okra* they used to thicken the soup.

**GUMBO-ZHÈRBES = GUMBO D'HERBES =
(HERB) VEGETABLE GUMBO = GUMBO A LAS HIERBAS:**
Sopa de gumbo hecha con "hierbas" (vegetales en este caso) y que
incluye espinacas, repollo verde, hojas de remolacha y de rábanos;
también cebollas, perejil, tomillo, hoja de laurel y chiles. Popular
durante la *cuaresma*. Fuera de esta época, también le añaden lonjas
de tocineta, o trozos de cordero o cerdo, o un hueso de jamón. No se
usan ni *okra* ni *filé* en este gumbo. Algunas personas le dicen **green
gombo**. Es de origen *cajun*.   (Se dice: **gómbo zérbs**).

HURRICANE = HURACÁN: Esta palabra es muy importante en
el vocabulario de la ciudad, ya que está expuesta a los huracanes
desde junio hasta noviembre. Sin embargo, "*Hurricane*" es también
el nombre de una bebida alcoholica hecha con la mezcla de jugo de
fresas y de limón, al que se le agregan varios tipos de licores fuertes.
Por su efecto aturdidor se le considera un verdadero "huracán".
 (Se dice: **jórikein**).

HUSHPUPPIES = CORN FRITTERS = CROQUETAS: De
harina de maíz, fritas. Posiblemente una adaptación de alguna receta
traída por las monjas *Ursulinas* en 1727. Se usan como complemento
de los platos de mariscos fritos. La leyenda popular dice que estas
croquetas fueron nombradas así porque durante las horas de cocina,
el perrito de la casa (puppy) rondaba la estufa para comerse alguna
de estas croquetas, con lo que las cocineras tenían que ahuyentarlo:
(¡sh, sh, perrito!, que en inglés equivale a: hush, puppy!
(Se dice: **josh-pópis**).

JAMBALAYA=ARROZ CON JAMÓN: Según la tradición la
palabra *jambalaya* tiene origen francés (**jambon** para jamón) y
africano (**alaya** para arroz). Hay diferentes recetas para este plato
tradicional.   (Se dice: **yánbaláya**).

GUMBO-ZHÈRBES = GUMBO D'HERBES = (HERBS) VEGETABLE GUMBO: A gumbo soup made with "herbs" (or vegetables in this case) which include spinach, *mustard greens*, *green cabbage*, beet and radishes leaves; onions, parsley, thyme, bay leaf and peppers. Very popular during Lent. At other times, strips of bacon, chunks of veal or pork or a ham bone are added. No *okra* or *filé* needs to be used in this gumbo. Some people call it **green gumbo**. It is a *Cajun* dish.

HURRICANE: This is a very important word in the vocabulary of this city, since it is exposed to hurricanes from June to November. However, "*Hurricane*" is also the name of an alcoholic beverage made from strawberry and lemon juices with plenty of added liquors. Its effects on the drinker are strong and therefore said to have the effect of a real "hurricane".

HUSHPUPPIES = CORN FRITTERS: The recipe is possibly an adaptation of that brought by the *Ursuline nuns* in 1727. These fritters are used as a complement to fried seafood plates. Popular lore says that the name is such because when the cooks were in the kitchen, the puppy was always around, waiting for some food to drop from the stove, particularly the round fritters. The cook had to hush the puppies out of the kitchen: "hush, puppy"!

JAMBALAYA = RICE WITH HAM: According to the traditional lore, this word has two origins: French for the rice cooked with ham (**jambon** means **ham**) and African (**alaya** means **rice**). There are different recipes for this traditional dish.

KING CAKE = PASTEL DE REYES: Bizcocho, o rosca de reyes. Tradición que se conserva aún en España y algunos países en el Caribe y las Américas. Con ocasión de la visita de los Tres Reyes Magos al Niño Jesús, 12 días después del día de la Navidad, o *epifanía*, los regalos se les dan a los niños en este día, y se prepara un bizcocho o rosca para acompañar bebidas o helados que se les sirven. En New Orleans, este pastel o rosca, o bizcocho, es un pan dulce en forma de óvalo. Puede o no tener mermeladas de frutas de diferentes sabores como relleno, asi como también queso dulce o cremas de vainilla. Normalmente tiene canela en polvo rociada encima, pero también tiene azúcar teñida con los *colores* tradicionales del *carnaval*: amarillo, verde, morado. En la antigüedad, estas roscan llevaban una *piedrita pintada de oro* en alguna parte de la masa. La tradición de seleccionar a la *reina del carnaval* se realizaba mediante el método de escogencia al azar durante el baile de la organización *Twelve Night Revelers*. La dama que encuentrara en su trozo de pastel una *piedrita dorada*, o 'sorpresa', se convertiría en la reina del baile. En New Orleans también se usaron **fríjoles**, **nueces** y hasta **muñequitas de porcelana** como 'sorpresas' dentro de la rosca. Hoy en día se les introducen **muñequitos plásticos** en forma de bebé. Durante la época del carnaval, en algunas oficinas, escuelas, y diferentes lugares de trabajo, existe como tradición comprar una rosca de estas los días viernes; la persona que se encuentra *el bebé* es responsable de traer la próxima rosca. (Se dice: **kíng keik**).

LENTEN MENU = MENÚ DE CUARESMA: Tanto en los restaurantes populares como elegantes, se sirven platos que están de acuerdo con el principio de la abstinencia de carne; generalmente consiste de pescados, *ostras*, *camarones* y otros *mariscos*, de *gumbo verde*, así como de lentejas (*Lens culinaris*), arvejas (*Pisum sativum*), espinacas (*Spinacia oleracea*), mostazas (*Brassica juncea*) y similares. (Se dice: **lénten méniu**).

KING CAKE: This cake is still a tradition in Spain and some countries in the Caribbean and the Americas. The pastry is made on the occasion of the celebration of the Three Wise Kings visitation to Baby Jesus, which happens 12 days after Christmas. During this day, children are given small gifts and a simple cake is served, along with beverages and/or ice cream. In New Orleans, this cake is more like sweet bread baked in an oval shape. The cake may be filled with different flavor marmalades, cream cheese or other sweet creams. It has sugar-cinnamon as well as colored ground sugar, stained with the *Mardi Gras colors*: yellow, green and purple. In older times, the cake had a small *golden stone* somewhere inserted in the dough. The tradition of selecting the *queen of carnival* was done using this chance method during the dance of the Twelve Night Revelers. The young lady that found the *golden bean* or "surprise" in her piece of cake became the queen of that dance. Other surprises were included in the cake in the New Orleans changing traditions**: real beans**, **nuts**, small **porcelain dolls**, and in recent times, a small **plastic baby**. During carnival season, in some offices and schools, or in different work establishments, the tradition is to bring a king cake, and the person who finds the *baby* in his/her piece is responsible for bringing the next king cake.

LENTEN MENU: This menu includes dishes that agree with the Catholic traditional fast from red meat; it generally includes fish, *oysters*, *shrimp* and other *seafood*, as well as lentils (*Lens culinaris*), green peas (*Pisum sativum*), spinach (*Spinacia oleracea*), *mustard leaves* (*Brassica juncea*), and other similar legumes.

LUCKY DOGS = HOT DOGS = PERROS (CALIENTES) SUERTEROS: Salchicha dentro de un panecillo alargado, que se sirve con mostaza, salsa de tomate, y una variedad de ingredientes que van desde pepinillos en vinagreta, hasta carne molida con chile (**chili-dogs**). El **carrito** que lleva este nombre de **Lucky Dogs**, es una tradición de New Orleans, donde un individuo visionario lo inventó en 1948.   (Se dice: **lóki-dogs; jót-dogs**).

MAQUE CHOUX= PLATO DE MAÍZ: (*Zea mays*). La gente *cajun*, lo cocinan con vegetales y camarones de río. Tiene además de maíz y *camarones*, cebollas, trozos de tocineta (**bacon**), ajos, tomates, *tasso*, pimienta negra, pimienta roja, chiles dulces, y sal. Algunas personas lo sirven como platillo vegetal de guarnición; otras le añaden caldo y lo sirven como sopa. Los indios **Houma** lo cocinan con chiles dulces, cebollas, tomates enteros, maíz y camarones, y salchichón.   (Se dice: **mók-shu**).

MINT JULEP = COCTAIL DE MENTA (*Mentha arvensis*), whiskey americano, azúcar y agua. Se cree originario de los estados del Sur, y en New Orleans hay varias versiones de la misma receta. (Se dice: **mint yúlep**).

MIRLITON = MERLITON = CHAYOTE-SQUASH = ALLIGATOR PEAR = VEGETABLE PEAR = HITZAYOTLI = CHAYOTE = CHO-CHO = GÜISQUIL: (*Sechium edule*). Todavía se puede ver plantas de éste tipo creciendo en los patios de las casas de áreas cercanas al río, en *uptown* y en *Gentilly*. Es tradicional cocinar *mirliton* con trozos de tocineta, de jamón, o con *camarones*, y servirlos como parte del almuerzo del día de año nuevo, para atraer la buena suerte. En la creencia popular, el color verde es sinónimo de buena fortuna, por aquello de que el color tradicional de los billetes es verde. Es parte del menú *creole* y *sureño* en general. (Se dice: **mérliton; chayote-scuásh**).

LUCKY DOGS = HOT DOGS: The large sausage is served in a long bun with mayonnaise, mustard, tomato sauce and a variety of ingredients such a pickled cucumbers, chili with meat, and others. The **cart** bearing the name **Lucky Dogs** is traditional in New Orleans, where a visionary person invented it in 1948.

MAQUE CHOUX: A corn (*Zea mays*) base dish, cooked by *Cajuns* with vegetables and river shrimp. It also contains onions, bacon bits, garlic, tomatoes, *tasso*, black pepper, red pepper, bell peppers and salt. Some people serve it as a side vegetable dish; others add stock to it and serve it as a soup. The **Houma** Indians cook it with bell peppers, onions, whole tomatoes, corn, shrimp and sausages.

MINT JULEP: (*Mentha arvensis*).A cocktail made with mint, bourbon, sugar and water. It is believed to be originally from the South, and there are many versions of the recipe in New Orleans.

MIRLITON = MERLITON = CHAYOTE-SQUASH = ALLIGATOR PEAR = VEGETABLE PEAR: (*Sechium edule*). The plants are still growing in the backyards of many homes near the River in the *uptown* area, and in *Gentilly*. It is traditional to cook this *mirliton* with bacon bits, ham, or *shrimps*, and serve it at the New Year's dinner, to bring good luck. In the popular culture, the color green is synonymous with good fortune, since the traditional color of money is green too. This dish is popular in *Creole* and *southern* menus.

MOON PIES = PASTELES LUNA: Estos no son pasteles, sino galletas rellenas; las hay de diferentes sabores: vainilla, chocolate, fresas. Dos galletas, una encima y otra abajo, y en el medio hay un relleno de marshmallow con otro sabor mezclado. Se les dice "moon pies" presumiblemente por su forma redonda como una luna llena"; aunque hay muchas variedades de éstas galletas en el mercado, las llamadas "moon pies" son populares en la época de *carnaval*.
(Se dice: **mún páys**)

MUSTARD GREENS = HOJAS DE MOSTAZA: (*Brassica juncea*). Populares entre las comidas *soul*, se cocinan con cebollinos y trocitos de tocineta o jamón. Parte del menú de año nuevo, para la buena suerte.   (Se dice: **móstard grinz**).

MUFFULETTA= ITALIAN SANDWICH = EMPAREDADO: Su humilde origen en New Orleans viene de la tradición de los trabajadores italianos quienes, al terminar sus labores paraban en los locales a comprar embutidos, aceitunas y cebollas; allí mismo se los comían acompañados de pan, aunque no en forma de emparedado. Posteriromente, el dueño de un local decidió preparar el emparedado, como se le conoce hoy. Éste es confeccionado en un pan redondo, de unas 12 pulgadas de diámetro y varias de grosor; contiene carnes frías, principalmente mortadelas, salames, y otros embutidos similares cubiertos con queso Provolone o Mozzarela. Además tienen un aderezo de aceitunas, cebollas en rebanadas, trozos de pimiento dulce, aceite de olivas, y otros condimentos estilo vinagreta. (Se dice: **mof-falét-ta**).

MOON PIES: These are not pastries, but filled cookies; there are different flavors: vanilla, chocolate and strawberry. The filler is a flavored marshmallow. It is possible that they are called "moon pies" because of their round shape resembling the full moon. There are many varieties of these cookies in the market, but the true "moon pies" are more popular during *carnival* season.

MUSTARD GREENS = MUSTARD LEAVES: (*Brassica juncea*). Popular in *soul food* dishes, these are cooked with pearl onions and bacon bits or ham. Also part of the New Year's menu, for good luck.

MUFFULETTA = ITALIAN SANDWICH: Its humble origins in New Orleans can be traced to the Italian laborers who, at the end of their shifts, stopped at the nearby shops and vegetable stands to buy bread, olives, onions, cold cuts and whatever they could afford. At first, they did not eat these foods in a sandwich, but rather separated. Later on, a store owner decided to put all together in a sandwich as it is known today. A large round bread of at least 12 inches in diameter and several inches thick is filled with several cold cuts, such as mortadella, salame, and the like, and these meats are covered with Provolone or Mozzarella cheese. The dressing consists of chopped olives, red bell peppers, onions, olive oil, bay leaves, and other spices, in a vinaigrette style.

OKRA=JAIBAS VEGETALES=DEDOS DE SEÑORA:
(*Abelmoschus (Hibiscus) esculentus*). Es un fruto comestible, de semillas con esencia fuerte y mucosas. Estas frutas suculentas y mucilaginosas se usan en la confección de la sopa de *gumbo*, que le dan una contextura espesa al caldo. La *okra* también se usa en la confección de un plato que lleva además tomate, cebolla y especias, y es parte del menú de las familias *creole*. (Se dice: **ókra**).

Nota: la palabra **jaiba** tiene diferentes significados en América Latina, y se usa para crustáceos como cangrejos; es posible que por la forma alargada de la *okra*, este fruto recuerde a las tenazas de los cangrejos, por lo que en algunos países de Centroamérica le llaman *jaibas* vegetales.

OYSTERS = OSTRAS: (*Crassostrea americana*). Populares en comidas *criollas*, francesas, caribeñas, en emparedados, sopas, cocidas, o crudas en su concha, etc. (Se dice: **óisters**).

Nota: en algunos países caribeños les llaman **mejillones**, pero estas últimas son especies diferentes.

PAIN PERDU= LOST BREAD =PAN PERDIDO: Se cocinan trozos de pan francés añejo al estilo de las tostadas francesas (**French toast**), o sea, envuelto en huevo, salpicado de canela en polvo y azúcar, frito en mantequilla. (Se dice: **pen perdú**).

PAPILLOTES = PAPER BUTTERFLIES = MARIPOSAS EMPAPELADAS: Del francés, por su parecido a una mariposa de papel. (**papillon** significa **mariposa** en francés). Este plato se refiere a pescado, preferiblemente el llamado pómpano (*Trachinotus carolinus*), que se hornea envuelto en papel engrasado, para mantener el sabor. (Se dice: **papillót**).

OKRA: (*Abelmoschus (Hibiscus) esculentus*).This is a succulent fruit with seeds and strong-odor mucus. These fruits are used to thicken soups such as *gumbo*. Okra is also used in a steamed dish made with tomatoes, onions, and other seasonings, popular in the *Creole* menus.

OYSTERS: (*Crassostrea americana*).Popular in *creole*, french, and caribbean foods, for sandwiches, soups, stews, or raw in the shell.

PAIN PERDU=LOST BREAD: The leftover breads from the previous days are sliced and cooked very much like **French toasts**, dipped in egg, with cinnamon sugar, and fried in butter.

PAPILLOTES = PAPER BUTTERFLIES: Because the fish is oven-baked while wrapped in a greased paper to preserve its taste, the dish looks like a butterfly (**papillon** means **butterfly***)*. The fish is preferably pompano, but some others can be used.

"Shotgun" house in uptown

PECAN NUTS = NUECES PACANA: (*Hicoria pecan=Carya illinoinensis*). Es una de tantas variedades de nueces. La palabra *pecan* es de origen **algolquiano** (familia de lenguas indígenas) de los indios norteamericanos, y que se usaba para describir a "*todas las nueces que requieren de una piedra para abrir su concha*". Crece en el sur de los Estados Unidos y en México, donde los **aztecas** le llamaban *pacana*. Muy populares en Louisiana para la confección de postres, ensaladas, y hasta rellenos de pavo.
(Se dice: **pecán-nots**).

PIG FEET=PATITAS DE CERDO: (*Sus scrofa*). Durante la época de la esclavitud, las patas, así como otras partes del cerdo que la gente blanca botaba pues no las comía, eran otra alternativa alimenticia para los esclavos. Hoy en día, éstas se venden ya preparadas en vinagre. Son parte del menú *soul*. (Se dice: **píg-fit**)

PIQUANT= SPICY HOT=PICANTE: Traducido del francés. Los platos **piquant** tienen un sabor penetrante y estimulante, producido por las especias que se usan al cocinar. Un plato popular entre la comida *creole* es el **chicken sauce piquant**, o pollo en salsa picante; otro famoso es el **alligator sauce piquant**, o lagarto en salsa picante.
(Se dice: **picuánt; chicken sós-picuánt; aliguéitor sós-picuánt**).

(Leyenda de fotografía de página 103: Plaza Lafayette – Planeada en 1788 como una plaza pública para el Faubourg St. Marie, el primer suburbio de la ciudad, esta plaza honra al héroe de la Revolución Americana Marie Joseph Paul Yves, Roch Gilbert du Motier, Marqués de Lafayette. El declinó la invitación a ser el primer gobernador cuando los Estados Unidos compraron Louisiana. Durante su visita a la cuidad de New Orleans en abril 9-15, 1825, su popularidad se hizo evidente por las sonadas ovaciones de "Viva Lafayette, Viva Lafayette".)

PECAN NUTS (*Hicoria pecan=Carya illinoinensis*). The word **pecan** is from the North American native Indians language **Algonquian**. The word was used to describe *"all the nuts that required a stone to break the shell"* These nuts grow in the South of the United States and in Mexico, where the **Aztecs** called the nuts *pacana*. These are popular in Louisiana for making deserts, salads, and to stuff a turkey.

PIG FEET: (*Sus scrofa*). During the slavery days, the feet, as well as other discarded parts that white plantation owners did not eat, were an alternative source of food for the slaves. Today, these are sold already prepared in vinegar jars. These are part of the *soul food* menu.

PIQUANT = SPICY HOT: These dishes have a strong penetrating and stimulating flavor, given by the spices used in the cooking process. A popular dish among *Creoles* is **chicken sauce piquant**; another famous one is **alligator sauce piquant**.

PO'BOY = POOR BOY SANDWICH = EMPAREDADO DE POBRE: Este es un emparedado en pan francés. Los rellenos típicos de la ciudad consisten de *camarones* fritos, *ostras* fritas, *cangrejos de concha suave* fritos o pescado (*catfish*) frito; existen versiones de carnes frías, de albóndigas y hasta de pollo. Se dice que el po-boy puede estar "**vestido**" o "**desvestido**", de acuerdo a si se le pone ensalada de lechuga, rebanadas de tomate, aceitunas, chiles, mayonesa, etc. (**dressed**), o si no se le pone ninguna ensalada o aderezo (**undressed**). El nombre *po'boy* se originó en New Orleans en 1929, cuando hubo una huelga de trabajadores de la compañía de tranvías. Durante los meses que duró la huelga, un antiguo compañero de labores y entonces dueño de un restaurante, ragalaba los emparedados a los huelguistas, como contribución a los que estaban sin trabajo; los cocineros del restaurante se referían a esos hombres como "**los muchachos pobres**" (**the poor boys**), hasta que la frase se empezó a usar para referirse exclusivamente a estos emparedados. En la manera típica de hablar en Louisiana, el nombre se convierte en *po'boy*.
(Se dice: **pó-boy**; **drésd-pó-boy**; **andrésd-pó-boy**).

POPEYE'S CHICKEN = POLLO POPEYE, FRITO: (*Gallus gallus domesticus*). Envuelto en una pasta de harina con especias picantes, al estilo de la comida *creole*. Aunque en la actualidad hay ventas de Popeye's Chicken en muchas partes del país, el concepto y la receta nacieron en New Orleans. Cerca de la década de 1970, un emprendedor empresario local estableció las primeras ventas de este pollo, bajo el nombre de **Popeye's Chicken**. Posteriormente expandió la franquicia a muchas otras ciudades del país. (Busque la biografía de **Al Copeland**).   (Se dice: **papáis-chíken**).

PRALINE= PECAN CANDY PATTY= CAJETA=DULCE de azúcar hervida y nueces *pacanas*. Muy parecida a la cajeta de leche con semillas de marañón (*Anacardium occidentale* o *cashews*) que se confecciona en la América Tropical. En New Orleans, se dice que el nombre proviene del apellido de **Mariscal Duplessis-Praslin** (1598-1675), antiguo residente prominente de New Orleans, cuyo cocinero inventó la receta en su honor. El nombre original de la cajeta fue **prasline**, pero luego evolucionó a **praline** como lo indica la pronunciación de la palabra en francés.   (Se dice: **prá-lin**).

PO'BOY = POOR BOY SANDWICH: This is made with French bread. In New Orleans, typical fillers include fried *shrimp*, fried *oysters*, fried *soft shell crabs*, and fried *catfish*; there are also other versions with cold meats or with meat balls, and even chicken. It is said that the po-boy is "**dressed**" or "**undressed**", depending of whether they have lettuce, tomatoes, olives, hot chilies, mayonnaise, or if none of these ingredients are added to the meats. The name *po'boy* originated in New Orleans in 1929, during the strike of workers at the *streetcar* company. During the months of the strike, a former fellow co-worker at the company, by then the owner of a restaurant, gave the sandwiches to the strikers for free as his way to help them in their cause; cooks from the restaurant referred to those strikers as "**the poor boys**", and gradually the phrase was used to name the sandwich. In the typical Louisianan style, the word degenerated into *po'boy.*

POPEYE'S CHICKEN = FRIED CHICKEN: (*Gallus gallus domesticus*).The chicken pieces are dipped in specially prepared flour mixed with hot spices, *Creole* style. There are several of these chain fast food restaurants in different cities, but the concept and the recipe were born in New Orleans, circa 1970, when a local impresario established several stores to sell chicken that he labeled **Popeye's**. Later on, the small business progressed into a franchise. (For more information, look at **Al Copeland**'s biography).

PRALINE = PECAN CANDY PATTY: Made with sugar and *pecan* nuts. These are similar to the sweets made with milk and *cashews* (*Anacardium occidentale*) of tropical America. In New Orleans, it is said that the name of this confection is derived from that of **Marshal Duplessis-Praslin** (1598-1675), a long time resident of New Orleans, and whose cook invented the recipe in his honor. The original name of the candy was **prasline**, but it evolved into **praline** to resemble the french pronunciation of the word.

PUMPKIN= CALABAZA=AYOTE DULCE: (*Cucurbita pepo*). Hay muchas variedades de ayote; el llamado **pumkin** es de color anaranjado y se usa en postres como pastel de calabaza (**pumkpin pie**), que se consume principalmente con la cena de celebración de *Thanksgiving*. Esta es también la calabaza vacía que se usa para hacer figuras durante la época de *halloween*.
(Se dice: **púmp-kin; púmp-kin-páy**).

RED BEANS AND RICE= FRIJOLES ROJOS CON ARROZ: (*Phaseolus vulgaris* y *Oryza sativa*). Este es el menú típico de los días lunes en toda la ciudad. Hay diferentes versiones sobre esta tradición popular. Una dice que, antiguamente, cuando no había refrigeración, las amas de casa y los cocineros en general, preparaban fríjoles rojos como plato único al que le agregaban arroz blanco, ya que siendo los días de mercado los martes y jueves, no había carne ni verduras frescas los lunes. Las carnes y pescados no podían conservarse crudos más allá del viernes, y las verduras se habían usado ya en la confección de la sopa de *gumbo* tradicional del fin de semana. La otra versión dice que cocinar fríjoles a fuego lento durante el día lunes permitía a las señoras lavar la ropa sin preocuparse mucho por la cocina. (Se dice: **rédbins-and-ráise**).

RED SNAPPER = PARGO ROJO: *(Lutjanus campechanus).* Por su sabor delicado, este pescado es muy importante en la confección de platos como **Red snapper Louis (pargo rojo a la Louis)**, y otros. (Se dice**: redsnáper; redsnáper lúis**).

REMOULADE SAUCE= SALSA REMOULADE: Tipo de salsa *creole* que se encuentra en cualquier restaurante del sur de Louisiana, en diferentes variedades. La receta de New Orleans tiene como base la *mostaza creole*, mayonesa, así como varias especias. Otras versiones de esta receta tienen el vinagre rojo como base.
(Se dice: **rémulád sós**).

PUMPKIN=SQUASH: (*Cucurbita pepo*). There are several varieties of these fruits; the so-called pumpkin is orange-colored and it is used in desserts (**pumpkin pie**), which is part of the *Thanksgiving* dinner menu. This type of squash (the hallow shell) is the one used to carve designs during the *Halloween* celebrations.

RED BEANS AND RICE (*Phaseolus vulgaris* and *Oryza sativa*): This is the typical Monday menu in New Orleans. There are different versions of this tradition. One version says that in older time, when there was no refrigeration, housewives and cooks prepared the red beans and rice as the only dish available, since market days were Tuesdays and Thursdays and by Mondays no fresh meat or vegetables were kept at home. Meats and fish could not be saved beyond Fridays, and all vegetables were used to make the traditional Saturday's *gumbo*. The other version says that cooking rice and beans at a slow fire on Mondays allowed the housewives to do the laundry without having to worry about the cooking.

RED SNAPPER: (*Lutjanus campechanus*). The delicate flavor of this fish makes it a favorite for recipes such as **Red snapper Louis**, and others.

REMOULADE SAUCE: This *creole* sauce is served in any restaurant in South Louisiana, in different versions. New Orleans version has *Creole mustard* as a base, mayonnaise, and several spices. Other versions use red vinegar as a base.

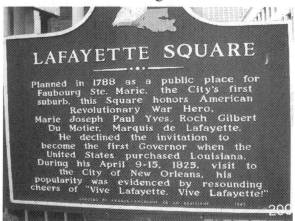

ROUX= RED= ROJO: En francés. Sin embargo, en New Orleans este término se usa para un aderezo especial y muy popular en la confección de ciertos platos de origen *criollo*, francés, e incluso *cajun*. El *roux* se hace friendo una cucharada de harina, hasta casi quemarla, en una cucharada de manteca vegetal (no mantequilla o crema ni margarina). Luego se agregan otros ingredientes, principalmente especias pulverizadas; el producto resulta de un color quemado- rojizo. (Se dice: **rú**).

SAZERAC=COCKTAIL: A base de coñac, y se cree que es el cocktail más viejo inventado en New Orleans (70 años antes de la época de la Prohibición), en la década de 1850.
(Se dice: **sá-serac**).

SEAFOOD=MARISCOS: Todo tipo de animal marino. Generalmente se asocia con *camarones*, *ostras*, mejillones, langostas y *langostinos*, pero también incluye todo tipo de pescados, *cangrejos*, y carne de *tortuga*. El popular **viernes de mariscos** se origina en la tradición de comer pescado frito, asi como platos de mariscos diversos, todos los viernes como parte de la variación del menú regular de la semana, principalmente durante la época de *cuaresma*. (Se dice: **sífud**).

SEAFOOD JAMBALAYA = ARROZ CON MARISCOS y chorizos españoles. Es otra de las tantas versiones de la **paella española**, traída a la América por los primeros inmigrantes españoles quienes, al adaptarse a sus nuevas condiciones, también adaptaron sus comidas. Hay varias versiones de ésta receta; la más popular tiene pollo, salchichón picante, *cangrejos*, *camarones*, y a veces *ostras*; se le añade especias, tomates, cebollas, ajos, y chiles y apio. La palabra *jambalaya* se usa aquí en una forma práctica para describir un plato similar al que ya existe, y se prepara con arroz y jamón, descrito anteriormente. (Se dice: **sífud-yambaláya**).

SHALLOT=ESCHALOTTE=SCALLION=GREEN ONIONS = CEBOLLÍN = CEBOLLA VERDE con tallos (*Allium ascalonicum*). Es de gran utilidad en la cocina *creole*, *soul*, *cajun*, como condimento, para darle otro sabor a la comida. (Se dice: **shálot**).

ROUX=RED in French: In New Orleans, such word is used in reference to a special type of dressing , popular in the making of certain dishes of *Creole*, French and *Cajun* cuisines. To make *roux,* a spoonful of flour is fried in lard. When the flour is almost burnt, other ingredients are added, particularly grounded spices. The product is a burnt-red color mixture.

SAZERAC=COCKTAIL: It is based on cognac, and believed to be the oldest cocktail invented in New Orleans (70 years before the Prohibition era) in the 1850's.

SEAFOOD: People generally associate this word with *shrimp*, *oysters*, clams, lobsters, and *crawfish*, but it also includes all types of fish, *crabs* and *turtle* meat. The popular **seafood Friday menu** was originated in the tradition of eating fried fish as a variation of the regular weekly foods, particularly during the *Catholic lent.*

SEAFOOD JAMBALAYA: SEAFOOD RICE and Spanish sausages. This is another version of the **Spanish paella**, brought to the Americas by the Spanish settlers; as they adapted to their new environments they also adapted their foods to the availability of ingredients. There are several versions of this popular dish, and it is possible that the best known is that made with chicken, spicy sausage, *crabs*, *shrimps*, and *oysters*; it also has spices, tomatoes, bell peppers and celery. The word *jambalaya* is incorporated in the name of the dish as a practical way of recalling an already existing dish made with rice. (See description of *jambalaya*).

SHALLOT=ESCHALOTTE=SCALLION= GREEN ONIONS: (*Allium ascalonicum*). The tails of these onions are frequently used in *Creole*, *soul*, and *Cajun* cuisines, to flavor the foods.

SHRIMP = CAMARONES: (*Penaeus sp.*) Se cocinan de muchas formas, ya que son ingrediente muy importante de muchos platos típicos. **Shrimp creole** es quizá uno de los más conocidos, y consiste de camarones cocidos en una salsa de especias, hierbas y tomates, y servido sobre arroz blanco.(Se dice: **trímp; trímp-críol**).

Nota: en Colombia se le llama "langostino" al camarón grande; el **langostino**, sin embargo, es otra especie de crustáceo, de río o aguas salobres, descrita anteriormente.

SNO'BALLS=SNOWBALLS=SNOWCONES=GRANIZADOS: Hielo raspado al que se le agrega almíbar de diferentes sabores. Son populares en New Orleans desde la primavera hasta el otoño. (Se dice: **snó-bol; snó-cons**).

SOFT-SHELL CRABS=CANGREJOS DE CONCHA SUAVE: Estos crustáceos se atrapan y cocinan inmediatamente después de que han desprendido su concha dura durante su periodo de crecimiento; se pueden comer completos. El cangrejo azul (*Callinectes sapidus*) es el más popular en New Orleans. (Se dice: **soft-schel krábs**).

SOUL FOOD = COMIDA CON ALMA: Traducción literal. Este término se usa para las comidas preparadas al estilo de la gente afroamericana de los Estados Unidos. Por lo general, tiene más sabor que la comida blanda de la gente blanca del norte. *Chitlings*, *collard greens* y *catfish* frito, son ejemplos de estas comidas. (Se dice: **sóul-fúd**).

SOUTHERN FOOD=COMIDA SUREÑA: Este tipo de comida difiere en los estados del sur de los Estados Unidos. Aunque se asocia con la comida de la gente afroamericana, en realidad existen platos que cocinan exclusivamente las personas blancas, así como comidas que comparten todos los grupos étnicos, posiblemente por influencia de las cocineras de raza negra que existían en todo el Sur. Ejemplos típicos son el pollo frito y el plato de maíz conocido como *grits.* (Se dice: **sódern fúd**).

SHRIMP: (*Penaeus sp.*). These are cooked in many different ways, and are very important in *Creole foods*. **Shrimp Creole** is perhaps one of the most popular dishes in the city; it is cooked in a sauce made with spices, herbs, and tomatoes, and served over fluffy white rice.

SNO'BALLS=SNOWBALLS=SNOWCONES: Scraped ice to which syrup of different flavors is added. Very popular in New Orleans, from spring to fall.

SOFT-SHELL CRABS: The *crabs* are caught and cooked after they molt the hard shell, and the entire crustacean becomes edible. The blue crab (*Callinectes sapidus*) is the most popular in New Orleans.

SOUL FOOD: This refers to dishes prepared in the style of African American's cooking in the south of the US. In general, it is more flavorful than the bland foods of white people from the north. *Chitlings*, *collard greens* and *fried catfish* are some examples.

SOUTHERN FOOD: This type of food is different among the southern States. It is often associated with African-American foods, but the reality is that there are some dishes exclusively cooked by white southern folks, as well as foods that all ethnic groups share, possibly influenced by the black cooks in the South. Fried chicken and *grits* are good examples of southern food.

STRAWBERRIES=FRESAS: (*Fragaria* sp.) Hay extensos cultivos de estas frutas en el sur de Louisiana. Existen múltiples recetas de postres y otras preparaciones, incluyendo bebidas con alcohol (como el *Hurricane*) en las que utilizan las fresas. (Se dice: **stró-bérris**).

SWEET CARROTS= ZANAHORIAS DULCES: (*Daucus carota*.) Plato sureño por excelencia. Las zanahorias pequeñas cortadas en rodajas se cocinan a fuego lento en almíbar de azúcar, canela y clavo de olor. Se sirven como complemento de las comidas *soul* y *sureñas* en general.   (Se dice: **suit-cárrots**)

SWEET POTATO=CAMOTE=BONIATO=PAPA DULCE = BATATA: (*Ipomoea batatas*). Tipo de papa o tubérculo muy similar a las llamadas *yams*, que son especies de tubérculos diferentes; sin embargo, muchas personas las confunden. Las llamadas "*sweet potatoes*" se usan para confeccionar pasteles, (**sweet potato pies**) muy populares en el menú *sureño*, y otros platos como **sweet potato pone**, una especie de puré horneado, con huevo, azúcar, mantequilla, leche, pasas, coco y nueces *pacana*. (Se dice: **suit-potéito; suit-potéito-páy; suit-potéito pón**).

TABASCO SAUCE=SALSA TABASCO: Contrario a lo que muchos latinoamericanos creen, ésta salsa no tiene sus orígenes en México, sino en Avery Island, Louisiana. La salsa se prepara con una variedad de chiles picantes llamados *Capsicum frutescens*, var. *tabasco*, que crece en toda la América meridional tropical. Los indios mexicanos ya hacían una especie llamada **agí** (o **ají**) con estos chiles antes de la llegada de Cristóbal Colón al continente americano. Sin embargo, desde 1868, Edmund McIlhenny preparó y comercializó la salsa Tabasco como se la conoce hoy. La tradición de la familia McIlhenny continúa y esta salsa se vende en casi todo el mundo.   (Se dice: **tabásco sós**).

STRAWBERRIES: (*Fragaria* sp.). There are extended strawberry farms in South Louisiana. There are also multiple recipes for desserts and beverages, including the alcoholic *Hurricane*, which is based on strawberry juice.

SWEET CARROTS: (*Daucus carota.*) Southern dish. Small sliced carrots are slowly cooked in sugar syrup, with cinnamon and clove. The dish is served as a side with *soul* and *southern* foods.

SWEET POTATO: (*Ipomoea batatas*). A tuber very similar to the *yams*, but of different species. Many people confuse these two types of tubers. The real sweet potatoes are used in the making of **sweet potato pie**, a popular southern dish, and **sweet potato pone**, which is a type of puree, baked with eggs, sugar, butter, milk, raisins, coconut meat, and *pecan* nuts.

TABASCO SAUCE: Contrary to a popular belief by Latin American people, this spicy sauce does not have its origins in Mexico, but in Avery Island, Louisiana. The hot sauce is made with a variety of peppers, *Capsicum frutescens*, var. *tabasco* which grows all over meridian tropical America. When Christopher Columbus arrived in the American continent, Mexican Indians already were using these peppers to make a spice they called **agi** (or **aji**). However, the Tabasco brand sauce was born in Louisiana in 1868. It was prepared and commercialized as it is known today by Edmund McIlhenny. This family tradition continues and this sauce is sold over the world.

TASSO=TASAJO: Tipo de carne de res **curada** (sazonada y ahumada) al estilo español. Esta se seca y endurece con el proceso de ahumado, por lo que es fácil cortarla en tajadas delgadas o tasajos. Es posible que la palabra *tasso* fuese una adaptación de la pronunciación de **tasajo**, adoptada por los franco o anglo-parlantes. La carne está sazonada con pimienta de cayena, ajos y sal. Se usa principalmente para sazonar vegetales, *gumbo* y otras sopas. (Se dice: **táso**).

TISANE= TEA =TÉ=INFUSIÓN: de hojas de naranja (*Citrus sinensis*) u otro tipo de hierbas de efecto calmante como la manzanilla (*Matricaria chamomilla*), que se usa específicamente para cierto tipo de malestares, como dolores de estómago o de ovarios, o para estimular el sueño.   (Se dice: **tisán**).

TONY'S=TONY-CHACHERE'S=COMPUESTO-DE ESPECIAS *creole* con el nombre de su creador, un hombre de Opelousas, Louisiana, llamado **Tony Chachere**. Popular entre los cocineros modernos que desean darle el toque *creole* a sus platos. (Se dice: **tónis; tóni cháchér**).

TROUT=TRUCHA: (*Salmo* sp.). Pescado de sabor más suave que el del bagre (*catfish*); se usa en la confección de platos criollos como **Trout Amandine** que usa almendras como guarnición, y **Trout Meuniere**, que se cocina en mantequilla, con harina, perejil picado y limón. También se cultiva en canales. (Se dice: **tráut; tráut-amadín; tráut-meníer**).

TUNA FISH = ATÚN: (Fam. *Scombridae*). De los mares tropicales, muy popular para ensaladas y rellenos de emparedados. En las pescaderías venden este pescado en filetes gruesos. Su carne roja es de sabor peculiar y por su textura es fácil asarlo a la parrilla para ponerlo en ensaladas especiales. Generalmente el que se usa para los emparedados es el atún enlatado. (Se dice: **túna-fish; túna**).

TASSO: This is red meat, **cured** (by seasoning and smoking) and prepared Spanish style. During the smoking process, the meat is dried, making it easier to slice it. **Tasajo** is the Spanish word for **slice**, and it is possible that from here, *tasso* derived, whether as an adaptation of the pronunciation by French or by English speakers. This meat is seasoned with cayenne pepper, garlic and salt. It is used to season vegetable dishes as well as *gumbo* and other soups.

TISANE=TEA: Made from orange leaves (*Citrus sinensis*), or any other calming herb such as chamomile (*Matricaria chamomilla*) and it is used specifically to cure certain ailments such as stomach pain or pain in the ovaries.

TONY'S=TONY CHACHERE'S: This is a mixture of *Creole* spices originally created by **Tony Chachere**, a man from Opelousas, Louisiana. The spice is popular among modern cooks who want to give a "*Creole* touch" to their dishes.

TROUT: (*Salmo* sp.). This fish taste is less strong than that of the catfish; it is used in dishes such as **Trout Amandine** which use almond nuts as garnishing, and **Trout Meuniere** which is cooked in butter, with flour, chopped parsley and lemon. Lately, this fish is also cultivated in channels.

TUNA FISH: (Family *Scombridae*). From tropical seas, this fish is popular for making salads and sandwiches. The fish is sold fresh in fish markets. Its red meat has a distinctive flavor and its texture makes it appropriate to be cooked on the grill and used for special salads. In general, people use canned tuna to make sandwiches.

TURKDUCKEN=TURKEY-DUCK-CHICKEN=PAVO-PATO-POLLO: En algunas áreas de Louisiana, especialmente en las regiones de los *cajuns*, se cocina esta delicadeza para la celebración del *Thanksgiving*. Un pavo grande se rellena con un pato a su vez relleno con una gallina o pollo, y éste último, algunas veces relleno con *ostras*. Se puede comprar preparado en ciertos mercados, únicamente para la celebración de *Thanksgiving*.
(Se dice: **tork-dó-ken**)

TURTLE SOUP = SOPA DE TORTUGA: (posiblemente *Chelonia sp.* o *Lepidochelis sp.*) Este plato, aunque se conoce en las zonas costeras del Caribe, es considerado una delicadeza típica en New Orleans. La sopa es espesa y su sabor fuerte se disipa al añadir a la sopa una cucharada de vino de **Oporto (Port wine)** antes de comerla. (Se dice: **tórtl-sup; pórt-uáine**).

YAM=ÑAME: (*Dioscorea* sp.) **:** Como se explica anteriormente, se confunden con las llamadas *sweet potatoes*. Las *yams* se cocinan en un almíbar de fruta **caqui (persimmons)** (*Diospyros kaki*) y uvas (**muscadines**) (*Vitis rotundifolia*) aunque hoy día se cuecen en un almíbar de manzanas y uvas rojas sin semilla, y se consideran una delicadeza de la comida *soul*, tanto como de la *cajun*.
(Se dice: **yiám**).

YELLOW SQUASH= CALABAZA AMARILLA: (*Cucurbita pepo*). De tamaño pequeño, parecida a un pepino, pero de color amarillo. Popular en la comida *soul* y en la *cajun*; se prepara en forma de sopas frías, cremas (*bisque*), en cazuelas con pollo, y también rellenas con *camarones* (Se dice: **iélou-skuásh**).

ZUCCHINI=ZUCCINI=ZAPALLO=CALABACÍN o calabaza verde o calabaza de verano (*Cucurbita pepo*), parecido al pepino en su color y forma. Este ingrediente de la cocina italiana y mediterránea en general es muy popular en las cocinas caseras así como en los restaurantes; hay **pan de zucchini, bisque de zucchini, lasagna de zucchini**, y muchos otros platos a base de este tipo de calabaza.
(Se dice: **tsukíni**).

TURKDUCKEN= TURKEY-DUCK-CHICKEN: In some regions of Louisiana, particularly in *Cajun* country, this delicacy is cooked for the *Thanksgiving* celebration. A big turkey is filled with a duck, which itself is stuffed with a hen or a chicken, which in turn is often stuffed with *oysters*.

TURTLE SOUP: (possibly *Chelonia sp.* o *Lepidochelis sp.*) This delicacy, well known in the Caribbean countries, is considered a typical dish in New Orleans. The soup is thick and has a strong flavor, which is masked by adding a spoonful of **Port wine** before eating it.

YAM: (*Dioscorea* sp.) As explained above, this tuber is often mistaken with sweet potato. Yams are cooked in **persimmon** (*Diospyros kaki*) and **Muscatine** grapes (*Vitis rotundifolia*); however, today *yams* are also cooked in apple syrup with seedless red grapes, and are considered a *soul* as well as a *Cajun* delicacy.

YELLOW SQUASH: (*Cucurbita pepo*). It is small in size, almost like a cucumber. Popular in *soul* and *Cajun* dishes, it is used for cold soups, *bisques*, chicken casseroles, and stuffed with *shrimps*.

ZUCCHINI=ZUCCINI: (*Cucurbita pepo*). This is a green squash, about the size of a cucumber. This is important in Italian and Mediterranean foods, and has become a staple in household kitchens. There are recipes of **zucchini bread**, **zucchini bisque**, **zucchini lasagna**, and many more dishes made with this squash.

4

GEOGRAFÍA LOCAL

La mejor manera de conocer la ciudad es caminando por sus rincones.
(Experiencia personal)

Se hace necesaria la explicación de algunos nombres locales, de las subdivisiones de la ciudad y del estado, porque éstas, en su mayoría, son muy diferentes a las que se dan en otras ciudades y estados del país. Los nombres que se usan en ocasiones son originales en español o en francés, a veces modificaciones en inglés de algunos de los mismos. En todo caso, hay una explicación racional para casi todos los nombres locales. Se debe aclarar también que en New Orleans los ciudadanos indican direcciones de lugares de acuerdo a su posición con referencia al río y/o al lago, al centro de la ciudad o al área de *uptown*. Así, una casa en una calle particular puede estar *"on the riverside"* (hacia el río), *"on the lakeside"* (hacia el lago), *"uptown side"* (hacia el *uptown*), o *"downtown side"* (hacia el CBD).

Vista panorámica de la ciudad, al pie de Canal St., tomada desde el Rio Mississipp

4

LOCAL GEOGRAPHY

The best way to know a city is walking through its neighborhoods.
(Personal experience)

It is necessary to explain some local names, local subdivisions of the city and the State, since they are very different from those in other cities and States of the country. Names are originally French or Spanish, but sometimes, English adaptations of those names. In either case, there is a rational explanation for almost every local name. It should be said that citizens of New Orleans indicate directions of places according to their position in reference to the river and or the lake, the downtown or the uptown areas. Thus, a house in a particular street can be located *"on the riverside"* (towards the river), *"on the lakeside"* (towards the lake), *"uptown side"* (towards the *uptown*), or *"on the downtown side"* (towards the *CBD*).

Sing at the corner of St. Charles and Napoleon Ave.

EL CORAZÓN Y ALMA DE LA CIUDAD RESIDEN EN LOS VECINDARIOS MÁS VIEJOS.

(Percepción personal)

ALLÉE=ALLEY=PASAJE: Palabra francesa que se utilizaba para describir el trecho del camino comprendido entre una doble hilera de árboles. En Louisiana este camino conectaba el río o el camino principal con la casa de la plantación. Hoy en día se utiliza para describir el pasaje que queda entre dos casas o edificios vecinos. (Se dice: **alé**).

BATON ROUGE= RED STICK =BASTÓN ROJO: Literalmente traducido del francés. Sin embargo, éste es el nombre de la capital de Louisiana, por lo que no se traduce. Está localizada al noroeste de New Orleans. Es una ciudad relativamente pequeña, donde las funciones principales giran alrededor del *Capitolio* y de la universidad *LSU*.   (Se dice: **batón rúsh**).

BAYOU= RIVULET =RIACHUELO: Palabra de origen indígena **Choctaw**: **bayuk**, para **riachuelo** o quebrada. Se refiere a los riachuelos de corrientes lentas alejadas del río principal. Aunque la mayoría de los *bayous* son naturales, y algunos están canalizados para permitir el paso de carreteras, existen en la ciudad *bayous* que se hicieron a propósito, o sea, no son naturales; uno de los más conocidos es el *Bayou Saint John*.   (Se dice: **báy-iu**).

CBD=CENTRAL-BUSINESS-DISTRICT=DISTRITO CENTRAL DE NEGOCIOS: Se refiere al área donde se encuentran los principales centros de negocios como bancos, edificios de gobierno, hoteles, *Centro de Convenciones* y, en el pasado, los almacenes comerciales más importantes. Va desde el río hasta el límite del *French Quarter*, y desde Claiborne Ave. hasta Howard Ave. (Se dice: **sí-bi-dí**).

THE HEART AND SOUL OF THE CITY RESIDE IN THE OLDER NEIGHBORHOODS

(Personal perception)

ALLÉE=ALLEY: French word used to describe the path between a double line of trees. In Louisiana it refers to a path that connected the river to the main house of a plantation. Today, the word is used to describe the narrow passage between two houses or buildings.

BATON ROUGE=RED STICK: French words. This is the proper name of the capital of the State of Louisiana, so it is not translated. The capital is located to the North-West of New Orleans. It is a relatively small city, where the main activities take place around the *Capitol* and *Louisiana State University*.

BAYOU=RIVULET: Original **Choctaw** language, **bayuk** meaning a **small rivulet** or creek. The word refers to slow currents moving away from the main river. Most bayous flow naturally, but today some are channeled to allow the construction of highways. There are a few man-made *bayous* in New Orleans, the best known of which is *Bayou Saint John*.

CBD=CENTRAL BUSINESS DISTRICT: This is the area where the main business buildings are located: banks, government buildings, hotels, the *Convention Center*, and in the past, the most important department stores. Located between the river and the outer limits of the *French Quarter*, and from Claiborne Ave. to Howard Ave.

CRESCENT CITY = CIUDAD EN FORMA DE LUNA EN CUARTO CRECIENTE: Es el otro nombre de la ciudad de New Orleans, porque la ciudad está asentada en uno de los arcos que se forman en las vueltas que da el *río Mississippi*. También se dice que la ciudad tiene forma de **abanico** de señora ("**Fan city**"), porque las calles se extienden desde la ribera curva del *río Mississippi* hacia un centro imaginario, en forma radial, no paralela. Por esta razón, las calles en New Orleans no van en línea recta de norte a sur o de este a oeste. (Se dice: **crés-sent-síty**).

DELTA=TRIÁNGULO: Este término se refiere a los depósitos aluviales en forma **triangular** que se forman en la boca de los ríos. En New Orleans, se refiere al área triangular que se forma en la boca del *río Mississippi*. Esta región es muy rica en nutrientes naturales, por lo que es muy fértil. Aquí hay asentamientos de comunidades que se dedican a la pesca y a la agricultura. Antiguamente, los indios **Houma** se asentaban en esta área mucho antes de que los europeos llegaran. Plaquemines Parish comprende localidades del Delta, como Belle Chasse, Venice, West Pointe à La Hache. (Se dice: **délta**).

DEEP SOUTH = BAJO SUR de Los Estados Unidos: Término que se usa al referirse a los estados sureños como Louisiana, Alabama, Mississippi, Carolina del Norte, Carolina del Sur y Georgia. Son los estados donde aún hoy se conservan las costumbres tradicionales de comidas *soul*, la elegancia en el vestir, las maneras cultas de conducirse en sociedad. En general, el individuo sureño nativo, ya sea blanco o negro, es persona amable y dulce por naturaleza. Muy diferente al ciudadano norteño o del oeste del país.
(Se dice: **dip-sáuz**).

DOWNTOWN = PARTE BAJA DE LA CIUDAD: El área comercial original de la ciudad, localizada al norte meridional, y no al sur como sugiere su nombre. La palabra se refiere a "río abajo" (**downriver**), como oposición al *uptown* (río arriba o **upriver**) Incluye los vecindarios *French Quarter*, *Tremé*, *Marigny*, Bywater y el *9th Ward*. (Se dice: **daun-táun**).

CRESCENT CITY: This is another name given to the City, because it is situated on one of the many arches formed as the *Mississippi River* turns in its way to the Gulf of Mexico. The arch takes the shape of a crescent moon. It is also said that the city has the shape of a lady's **fan** ("**Fan city**"), because the streets run from the curved shores of the river towards an imaginary center in a radial form, not parallel. For this reason, the streets in New Orleans do not run in straight lines from north to south or east to west.

DELTA= TRIANGLE: This term refers to the alluvial deposits in an area of slow flat lands, shaped like a triangle, where the river divides into several small rivers before flowing into the gulf. In New Orleans, this term is used for the mouth of the *Mississippi River*. The area is rich in nutrients, and thus very fertile. Entire communities dedicated to fishing and agriculture settled here. The **Houma** Indians were already settled here when the Europeans arrived. Plaquemines Parish includes several Delta communities such as Belle Chase, Venice, West Pointe à La Hache.

DEEP SOUTH: Of the United States. This term is used in reference to the Southern States such as Louisiana, Alabama, Mississippi, South and North Carolina and Georgia. Many of the traditional ways of living are still preserved in these States: *soul food*, elegant dressing, and good manners. In general, the native Southerner is naturally sweet and kind. Very different from his Northern or West Coast countrymen.

DOWNTOWN: Literally, the lower part of the city; and originally the commercial area. In New Orleans, it is located to the meridian north, and not to the south, as the name suggests. The word "downtown" refers to **downriver**, as oppose to "uptown" or **upriver**. The *French Quarter, Tremé, Marigny, Bywater* and the *9th Ward* are included here.

FAUBOURG=NEIGHBORHOOD=VECINDARIO: Palabra francesa que significa conjunto de viviendas, o vecindario dentro de la gran ciudad. En New Orleans, hay varios vecindarios que aún conservan este nombre, y los más conocidos son quizás el *Faubourg Marigny* y el *Faubourg Tremé*.
(Se dice: **fobó, fobó mariñi, fobó tremé**).

INDUSTRIAL CANAL=CANAL INDUSTRIAL: Canal interno (*Inner Harbor Navigation Canal*) que permite la navegación entre el *río Mississippi* y el *lago Pontchartrain*. Empieza en South *Rampart Street*, al borde del distrito de los negocios, y se prolonga por 5 millas hasta el lago en la esquina noroeste de la ciudad.
(Se dice: **indóstrial canal**).

LAKE PONTCHARTRAIN= LAGO PONTCHARTRAIN: Este no es un verdadero lago, sino un estuario profundo, o cuerpo de agua semi-cerrado. Por tanto, el lago está conectado al golfo de México, pero también recibe aguas de los ríos *Mississippi* y otros, por lo que sus aguas son salobres (**brackish**), y no enteramente saladas como las del mar. Este lago se encuentra en la ribera norte de New Orleans, y fue nombrado así por **Pierre Le Moyne d'Iberville** en honor al ministro de Marina de Francia. Tiene unas 40 millas (64 metros) de ancho y 24 millas (39 metros) de sur a norte, con una profundidad promedio de 12 a 14 pies (4,27 metros). En sus costas vivían indios nativos mucho tiempo antes de que los europeos arribaran, y lo llamaban **Okwata (Aguas anchas)**. (Se dice: **leik- póntchertrein**).

LEVEE = DIKE = DIQUE = MALECÓN = PARED ELEVADA: Palabra derivada de **élevé**, de origen francés que significa **elevado**. Como gran parte de la ciudad de New Orleans está asentada varios metros bajo el nivel del mar (en algunas partes hasta 10 metros), se hace necesario protegerla de las crecientes de agua en el nivel del *río Mississippi*, asi como de las aguas del Golfo y del *lago Pontchartrain*, por lo que se han construido malecones o paredes elevadas en ambas riveras del río, en la ribera sur del lago, en puntos estratégicos del Golfo y en riberas de otros cuerpos de agua, como el *Industrial Canal*. (Se dice: **lévi**).

FAUBOURG=NEIGHBORHOOD: French word for a group of houses, or a neighborhood inside a city. There are several in New Orleans and the best known are the *Faubourg Marigny* and the *Faubourg Tremé.*

INDUSTRIAL CANAL: The *Inner Harbor Navigation Canal* that allows for navigation between the *Mississippi River* and the *Lake Pontchartrain.* It begins at South *Rampart Street,* at the border of the *CBD* and runs for about 5 miles to the *Pontchartrain Lake* in the North West corner of the city.

LAKE PONTCHARTRAIN: Not a true lake, but a deep estuary, or semi-closed large body of water. As such, this lake is connected to the Gulf of Mexico, but it also receives its waters from the *Mississippi River* and others as well; for this reason, the lake waters are **brackish**, not entirely salted as the sea waters. Located to the North of New Orleans, the Lake received its name from **Pierre Le Moyne d'Iberville**, in honor of the French Minister of the Marine, count of Pontchartrain. The Lake is 40 miles wide (64 m.) and 24 miles (39 m.) from South to North; its average depth is 12-14 feet (about 4.27 m).   Native Indians lived in the margins of this lake way before the Europeans arrived. They called it **Okwata**, or **Wide Waters**.

LEVEE=DIKE: From the French word **élevé** that means **elevated**, this is a natural or artificial embankment that runs parallel to the River. As a great portion of New Orleans seats several meters below the sea level (in some areas 10 meters below), it is necessary to protect it from the rising waters of the River. These dikes or elevated walls are built on both sides of the *Mississippi River*.

LOCKS = COMPUERTAS: Debido a su posición bajo el nivel del mar, así como por estar rodeada por el río en muchas áreas, se hace necesario mantener un sistema de desagüe para prevenir la inundación de la ciudad. En casos de mucha lluvia, o cuando el deshielo en el norte del país sobrepasa los niveles normales de agua del *río Mississippi*, algunas de las compuertas se abren para dejar salir agua al *lago Pontchartrain*. Las compuertas y las *bombas de desagüe* están estratégicamente localizadas. Un ejemplo de los sistemas de compuertas se puede observar en el llamado *Inner Harbor Navigation Canal* (Canal interno de navegación portuaria), también conocido como el *Industrial Canal* (Canal industrial), cerca de St. Claude y Florida Ave. (Se dice: **lócks**).

MID CITY = AREA CENTRAL (MEDIA) DE LA CIUDAD: Esta área comprende vecindarios que van desde *North Carrollton* y Weisner Ave en el *City Park*, y el límite con el *Bayou Saint John*, y llega hasta Tulane Ave. y *South Carrollton.* (Se dice: **míd-síty**)

MISSISSIPPI RIVER = RÍO MISSISSIPPI: Es el tercer río más largo del mundo después del Nilo y del Amazonas. Este nombre es el que originalmente le dieran los indios nativos de Norte América, y significa **Padre de las aguas (Father of Waters)**, cuando lo llamaban"**Misi-ziibi** " (Se dice: **mís-sís-síp-pi**).

NEW ORLEANS EAST= NEW ORLEANS ESTE: Parte de la ciudad que está al lado este del *uptown*, separadas por el Canal de Navegación Interna (*Inner Navigation Canal, Industrial Canal*) que corre desde el *lago Pontchartrain* hasta el *río Mississippi.* Tradicionalmente, los afro-americanos han preferido esta parte este de la ciudad para construir sus residencias, bajo el argumento de que durante la época posterior a la esclavitud ellos eran discriminados y no podían comprar propiedades o construir sus propias residencias en el área de *uptown* donde ya habitaba la mayoría de la gente blanca. (Se dice: **nu-órleans íst**)

LOCKS: Due to its position below sea level, as well as for the fact that the River surrounds the city in many areas, it is necessary to maintain a system whereby raising waters can be diverted to another place, to avoid flooding. In cases of heavy rains, or during the spring months, when the ice in the Northern parts of the country begin to melt and the *Mississippi River* waters rise above normal levels, some of the locks are opened to let the water drain into the *Lake Pontchartrain*. The locks, as well as the *water pumps* are located at strategic points throughout the city. An example of the locks can be seen in the *Inner Harbor Canal* (the *Industrial Canal*), near St. Claude and Florida Ave.

MID CITY: This area encompasses neighborhoods from *North Carrollton* and Weisner Ave. near the *City Park* and the *Bayou Saint John* to Tulane Ave. and *South Carrollton.*

MISSISSIPPI RIVER: This is the third longest river in the world, after the Nile and the Amazon. This is the original name given by the Native American Indians, and it means **Father of Waters**. They called it **"Misi-ziibi"**.

NEW ORLEANS EAST: Part of the city is located to the East of *uptown,* separated by the *Inner Navigation Canal* that runs from *Lake Pontchartrain* to the *Mississippi River.* Traditionally, African-Americans have preferred to build their homes in the eastern part of the city, arguably because during the years after abolition of slavery discriminatory policies forbade them to buy properties in the *uptown* area, where most white people resided.

NORTH SHORE= COSTA NORTE DEL LAGO: Área que se encuentra al norte de la ciudad de New Orleans, al otro lado del *lago Pontchartrain*. Comprende las ciudades de St. Tammany Parish: (Abita Springs, Lacombe, Eden Isles, Mandeville, Madisonville, Covington, y Slidell). (Se dice: **nórz shór**).

PARISH=COUNTY=PARROQUIA, ALCALDÍA, AYUNTAMIENTO: Las subdivisiones administrativas del estado, conocidas como **counties** (**condados**) en el resto del país, en Louisiana se llaman **parroquias**; éstas eran originalmente jurisdicciones eclesiásticas de la Arquidiócesis de la Iglesia Católica. Hay que recordar que Louisiana fue originalmente colonia de España y de Francia alternativamente, y estos dos países eran principalmente católicos. (Se dice: **párrish**).

SOUTH SHORE=COSTA SUR DEL LAGO: Aquí se encuentra situada la ciudad de New Orleans, con sus edificios comerciales de varios pisos, el *Superdome*, el *French Quarter*, etc. Comprende las parroquias de Orleans, Jefferson y St. Bernard. (Se dice: **sáuz-shor**)

UPTOWN=UPRIVER=RIO ARRIBA: Literalmente, y que en realidad está localizada en el sur meridional. En ésta área, las inundaciones son menos frecuentes, porque el terreno está a niveles un poco más altos que los de *downtown*. Esta área esta comprendida entre el *río Mississippi* y Claiborne Ave., y entre Jackson Ave. Broadway. Incluye vecindarios del *Garden District*, el *Irish Channel* y *Carrollton*. (Se dice: **áp-táun**).

VIEUX CARRÉ= OLD SQUARE = CIUDAD VIEJA = CUADRANTE VIEJO: Literalmente traducido del francés. Esta expresión se usa al referirse a la ciudad original de New Orleans, comprendida entre *Canal Street*, *North Rampart Street*, *Esplanade Ave*, y el *río Mississippi*, también conocida como el *French Quarter*. (Se dice: **vú car-ré**).

NORTH SHORE: It is located to the North of the city of New Orleans, on the other side of the *Lake Pontchartrain*. Includes St. Tammany Parish cities: (Abita Springs, Lacombe, Eden Isle, Mandeville, Madisonville, Covington, and Slidell).

PARISH = COUNTY: In Louisiana all administrative subdivisions of the State are known by this name, instead of **counties** as in the rest of the country. These were originally ecclesiastic subdivisions of the Roman Catholic Archidiocese. It must be remembered that Louisiana was originally a colony of Spain and France, alternatively, and that these two countries are mainly Catholic.

SOUTH SHORE: Here is where the city of New Orleans is located, with its commercial buildings, the *Superdome*, the *French Quarter*, etc. Orleans, Jefferson and St. Bernard Parishes are all located on the South Shore.

UPTOWN=UPRIVER: The upper part of the city, literally; but the reality is that the uptown is located at the meridian south. Floods are less frequent in this part of the city, since the terrain is somehow at higher sea levels. It is the area between the *Mississippi River* to Claiborne Ave, and from Jackson Ave. to Broadway. The *Irish Channel*, the *Garden District* and *Carrollton* neighborhoods are part of the uptown.

VIEUX CARRÉ=OLD SQUARE=OLD TOWN: From the French. This term is used for the original city of New Orleans located between *Canal St.*, North *Rampart St.*, *Esplanade Ave.*, and the *Mississippi River*.

WARD = VECINDARIO: Esta palabra literalmente significa **ala.** En New Orleans, los vecindarios se conocen como **wards.** Hay 17 subdivisiones de este tipo en la ciudad, y se denominan con números. Los límites de estos vecindarios han cambiado a través de los años, pero se mantienen más o menos similares a las divisiones originales. Es importante conocer el vecindario de residencia para ejercer el derecho al voto, así como para el censo. (Se dice: **uárd**).

WEST BANK=RIBERA OESTE DEL RIO: La cuidad de New Orleans está dividida por el *río Mississippi* en muchas de sus áreas. Por eso hay vecindarios al este (*uptown* y *downtown*), y al oeste (*West Bank*) del río. Dentro de los comprendidos al este del río también están *East New Orleans* al este meridional propiamente, y Metairie y Kenner en el oeste meridional. En el *West Bank* hay vecindarios como Terry Town, Gretna, Barataria, y Marrero. (Se dice: **uést-bánk**).

(Leyenda de fotografía de página 115: "Faubourh Bouligny sitio de la plantación de Louis Bouligny (1781-1862), soldado, agricultor, estadista. Este suburbio, establecido en 1834, estaba limitado por Upperline, General Taylor, Clara y el río".)

(Leyenda de fotografíia de página 127: " 518 St. Charles Avenue el sitio de la Academia Gilbert y de la Universidad New Orleans. Instituciones Educativas para gente Negra. Bajo los auspicious de la Iglesia Metodista. 1873 a 1949".)
Esta es otra demostración de la importancia que tanto los blancos como los negros de esta ciudad le dieron siempre a la educación.

WARD= NEIGBORHOOD: Literally, it means **wing**. In New Orleans, neighborhoods are grouped into **wards.** There are 17 administrative subdivisions of this type in this city, and these are named by numbers. The geographical limits of these neighborhoods have changed over the years, but remain close to the original divisions. It is important to know the *ward* one lives in, for census and voting purposes.

WEST BANK= WEST SIDE OF THE RIVER: New Orleans is divided into many parts by the turnings of the *Mississippi River*. There are neighborhoods located to the East (*uptown* and *downtown*) and to the West (*West Bank*) of the river. Moreover, among those to the East of the River are: *East New Orleans* to the proper meridian East, and Metairie and Kenner to the meridian West. On the *West Bank*, there are neighborhoods such as Terry Town, Gretna, Barataria and Marrero.

5318 St. Charles Avenue
The site of Gilbert Academy
and
New Orleans University.
Black Educational
Institutions
Under the auspices of
The Methodist Church
1873 to 1949

5

BARRIOS Y LUGARES HISTÓRICOS

"El hogar está donde está el corazón"
(Refrán popular)

Como se explica anteriormente, las divisiones físicas de la ciudad son bien definidas. Así, los pobladores de estas subdivisiones tienden a ser bastante homogéneos. Sin embargo, aún hoy podemos observar que la división no es exclusivamente racial, sino también histórica. Lo que a través de los años se consideró área de vivienda de los dueños de plantaciones, de los esclavos, o de los inmigrantes de diferentes grupos étnicos, aún hoy conserva las mismas características. El *uptown* está en una gran mayoría habitada por una mezcla de blancos y negros en barrios separados por tan sólo una calle. Asi, en el *Garden District* y alrededores, está el área residencial por excelencia de los llamados gente de alcurnia o nativos de New Orleans, donde las mansiones y las fortunas se han heredado de antepasados, algunos dueños de negocios y/ o, de plantaciones y esclavos. El área universitaria, está habitada tanto por miembros de las facultades de las dos principales instituciones de educación superior, *Tulane* y *Loyola*, así como también por estudiantes de estas universidades. El área de Metairie se convirtió en el área de la gente blanca, quienes en un tiempo residieron principalmente en el llamado *Irish Channel*, pero que abandonaron la ciudad durante la integración escolar de la década de 1960. Old Metairie es el barrio de gente adinerada, los llamados "nuevos ricos" cuyas fortunas están hechas a fuerza de trabajo propio, y no de fortunas heredadas. Las diferentes *"wards"* están a su vez pobladas por individuos que se pueden clasificar como aquellos que tienen más o menos dinero con mayor o menor acceso a la

5

NEIBORHOODS AND HISTORIC PLACES

"Home is where the Heart is"

(Popular saying)

As explained above, the physical divisions of the city are well defined. Thus, residents of these subdivisions tend to be somehow homogeneous. However, even today, we can observe that these divisions are not exclusively racial, but above all, historic. Areas that traditionally were considered residential for the plantation owners, for their slaves, or for the different migrant ethnic groups, still preserve the same characteristics. The *uptown* area is mainly a mixture of black and white neighborhoods, separated only by a street. Within *uptown*, the area known as the *Garden District* is the "par excellence" residential area for those high society peoples, or native New Orleanians, where mansions and fortunes are inherited from ancestors, some former plantation and slaves' owners. The university area, by contrast, is inhabited by faculty members of the two major higher educational institutions: *Tulane* and *Loyola Universities*, as well as by students of both institutions. Metairie area became the residence of white immigrants, mainly Irish people, who originally resided in the area known as the *Irish Channel*, but abandonned the city during the school's integration during the 1960s. Old Metairie is the neighborhood of wealthy people, some called "the new rich" whose small fortunes were made by hard work, and not inherited form ancestors. Different *"wards"* are in turn inhabited by individuals that can be said to have more or less money, with more or less access to education, to public services such as health centers and libraries, and in general, by individuals of diverse living standards.

educación, a servicios públicos como los de salud y bibliotecas, y en general, a las diversas condiciones de vida. Algunos locales y barrios son históricos porque han existido desde el comienzo de la fundación de New Orleans, y por lo tanto, aparecen frecuentemente tanto en la literatura popular como en las películas, en referencias históricas y hasta científicas. Incluimos en esta obra una gama de lugares y barrios de importancia histórica o tradicional, o que, por su importancia actual, merecen ser reconocidos.

Cuando New Orleans era la Capital de Louisiana, Provincia Española
1762-1803
Esta Calle llevaba el nombre de CALLE REAL

Some places and neighborhoods have historic value because they have existed since the foundation of the city of New Orleans, and thus, appear frequently in the popular literature as well as in films, in historic references and even in scientific publications. Included in this book are a great array of places and neighborhoods of historic or traditional importance. Also included are places which, because of their present day importance, deserve to be mentioned.

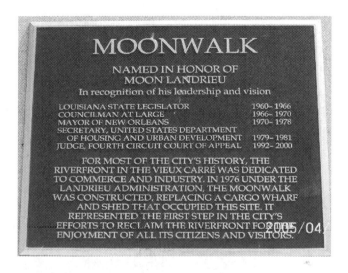

In honor of Moon Landrieu, in front of the Mississippi River

PASEANDO POR NEW ORLEANS

AQUARIUM OF THE AMERICAS = ACUARIO DE LAS AMÉRICAS: Su gran colección de animales acuáticos nativos y exóticos, hacen de éste uno de los lugares más populares entre niños y adultos. Localizado al final del *parque Woldenberg*, a orillas del *Río Mississippi*.   (Se dice: **acuárium ov de américas**)

ARMSTRONG PARK = PARQUE ARMSTRONG: Nombrado así en honor a **Louis Armstrong**, el músico más famoso de New Orleans. El parque está localizado en *Rampart Street*, e incluye el Auditorio Municipal (*Municipal Auditorium*), el Teatro de Bellas Artes **Mahalia Jackson**, (Mahalia Jackson Theatre for the Performing Arts), cantante de *música gospel*, y quien nació en el área de *Hollygrove* en *uptown* New Orleans; y la Plaza Congo (*Congo Square*). Este complejo de edificios sirve como escenario para presentaciones de ballet clásico y contemporáneo, teatro, ópera, música clásica y popular. El vecindario donde está situado es cercano al lugar donde se dice que naciera **Armstrong**. Aunque el vecindario está deteriorado por el paso de los años, continúa siendo un núcleo importante de artistas locales.
(Se dice: **ámstrong park; lúis ámstrong**).

AUDUBON PARK AND ZOO = PARQUE Y ZOOLÓGICO AUDUBON: Se extiende desde la avenida *Saint Charles* frente a *Tulane University*, hasta el río. La calle Magazine separa el parque del zoológico. Lleva este nombre en honor a **John James Audubon**, naturalista de madre mulata antillana y padre francés. Audubon residió muchos años en Louisiana, pintando y estudiando su flora y fauna. El terreno fue parte de la plantación de azúcar de **Jean Etienne Boré**, quien fue el primer alcalde de New Orleans, de 1803 a 1804. La propiedad fue comprada para el parque en 1871, y aquí fue donde se llevó a cabo la **Exposición y Feria del Centenario Industrial del Algodón** en 1884-1885. (Se dice: **ódubon park and zúu**).

STROLLING IN NEW ORLEANS

AQUARIUM OF THE AMERICAS: Its large collection of aquatic native and exotic animals makes this one of the most popular places among children and adults alike. Located at one end of *Woldenberg Park,* on *the Mississippi River*.

ARMSTRONG PARK: This Park was named in honor of the most famous musician from New Orleans: **Louis Armstrong**. It is located on *Rampart St.*, includes the *Municipal Auditorium*, the **Mahalia Jackson** (New Orleans native *gospel* singer, born in the *Hollygrove* area in *uptown*) **Theater for the Performing Arts**, and *Congo Square*. The park complex serves as a site for artistic presentations such as classical and contemporary ballet, theater, opera, classical and popular music. The neighborhood where it is located is close to the area where **Louis Armstrong** was born and raised. The area continues to be an important focus of local artists, even though the neighborhood is badly preserved.

AUDUBON PARK AND ZOO: This magnificent park extends from *St. Charles Ave.*, across *Tulane University*, to the River. Magazine St. separates the park from the zoological garden. The name is in honor of **John James Audubon**, a naturalist born of an Antillean mulatto mother and a French gentleman. *Audubon* resided in Louisiana for many years, studying and painting the native flora and fauna. The land where the park is located was part of a sugar plantation owned by **Jean Etienne Boré**, who was the first mayor of New Orleans from 1803 to 1804. The property was purchased for the park in 1871; this was the site for the **World's Industrial & Cotton Centennial Exposition**, 1884-1885.

BAYOU ST. JOHN (FAUBOURG) = VECINDARIO DEL BAYOU ST. JOHN: Es otro de los vecindarios históricos de más tradición en New Orleans. Originalmente se extendía desde los límites de la ciudad hasta el *lago Pontchartrain*. Fue muy importante en el desarrollo de New Orleans, pues el fundador del asentamiento original (**Jean-Baptiste Le Moyne**), de New Orleans se dio cuenta de que este *bayou* conectaba la boca del *río* con el *lago*, y éste con el Golfo, lo cual proveía así una "salida trasera" de la ciudad en caso de invasión por los ingleses. Los nativos indígenas habían usado esta misma ruta por muchos años para entrar y salir del Golfo de Mexico. Cuando la población empezó a crecer, esta área se convirtió rápidamente en un suburbio. En la actualidad es un barrio pequeño, tranquilo, de casas estilo *camel back*, *duplex* y *shotgun*. Sin embargo, entre los años 1908 y 1938, el bayou estaba habitado por gentes que vivian en casas-bote y en cabinas, había un astillero, y el vecindario era bastante sucio y bullicioso. El embellecimiento del área empezó al pasar ésta a la jurisdicción del City Park Board. La calle original empieza en Governor Nicholls Street en el *French Quarter*, hoy conocida como Bayou Road. Aquí están localizadas la *Casa Pitot*, y la vieja casona de la Aduana Española (*Spanish Custom House*). (Se dice: **bá-iu séint yón**).

BOURBON STREET=CALLE DE BORBÓN: Esta calle recorre el cuadrante original del *French Quarter*, desde un extremo al otro. La calle fue nombrada en honor a la familia real francesa Bourbon, quienes eran los gobernantes en el año de la fundación de New Orleans, en 1718. Durante esa época, Bourbon St. era el área residencial de la mayoría de los habitantes, y las actividades comerciales se realizaban en las cercanías del puerto, a orillas del río, aunque posteriormente se abrieron en esa calle algunos restaurantes, conforme las necesidades lo demandaban. En años recientes el turismo y la plaga de bares y clubes nocturnos pululan en la parte norte de Bourbon St., hacia Canal St., mientras que la sección de la calle Bourbon comprendida entre Dumaine y Pauger St. continúa siendo área residencial, con una variedad de negocios pequeños que sirven al vecindario. (Se dice: **bórbon strít**).

BAYOU ST. JOHN (FAUBOURG): This neiborhood is among the most historical and traditional in New Orleans. It originally extended from the outskirts of the city to *Lake Pontchartrain*. The area was very important in the development of New Orleans, since the original settler, **Jean-Baptiste Le Moyne** found out that this *bayou* connected the mouth of the River with the Lake, and thus to the Gulf. This connection provided a "back door" from the city, in case of any British invasion. Native Indians had used this very same route to enter and exit the Gulf of Mexico. As the population began to rise, the area was rapidly converted into a suburb. In present times, the area is only a small neighborhood with *camel back*, *duplex* and *shotgun* houses. However, between the years 1908 and 1938, people lived in boathouses, and in small cabins on the shores of the bayou, there was a shipyard and the neighborhood was filthy and noisy. The embellishment of the area started as the bayou came under the jurisdiction of the City Park Board. The original street begins from Governor Nicholls Street in the *French Quarter,* known today as Bayou Road. *Pitot House* and the old *Spanish Custom House* are located on this Street.

BOURBON STREET: This Street runs from one end to the other of the original *French Quarter*, and it was named after the **French Royal Family Bourbon**, the rulers of France at the time the city of New Orleans was founded, in 1718. At the time, Bourbon St. was the residential place for most inhabitants, and commercial activities were carried mostly in the vicinities of the port, near the river; a few restaurants were founded on this street as the needs arose. In recent times, the tourist industry that has plagued the upper section of Bourbon St. with bars and nightclubs is located towards *Canal St.*, while the section between Dumaine and Pauger St. continues to be a residential area with a variety of small businesses that cater to the neighbors.

BUCKTOWN FISHING VILLAGE = VECINDARIO PESQUERO BUCKTOWN: Localizado en la margen oeste del *lago Pontchartrain*, detrás de las calles Orpheum y Old Hammond Hwy. Fue un punto favorito para el deporte de la pesca, en lo que se llamaba "Estado libre de Jefferson", lugar en el que había bares, casas de juego y de diferentes actividades no muy honorables. Hoy día es una zona relativamente inactiva, con un núcleo de vecinos tranquilos.   (Se dice: **bóc-táun físhin-vílash**).

BYWATER NEIGHBORHOOD = VECINDARIO BYWATER: Este vecindario es parte del *Faubourg Marigny*, que al este limita con el *Canal Industrial*. Aquí residen muchos de los artistas locales, con muchas tiendas de arte. Históricamente, este fue el asentamiento original de artesanos, inmigrantes y gente negra libre (no esclava). Aún hoy hay ventas de artesanías locales durante los fines de semana. (Se dice: **bay-uáter**).

CAFÉ DU MONDE = CAFÉ DEL MUNDO, Literalmente traducido del francés.   El establecimiento de venta de café más viejo y popular de la ciudad. Aquí es donde aún hoy, y desde el año 1860, se consume *café con chicoria, café con leche,* y *buñuelos azucarados.* Localizado en las márgenes del *río Mississippi*, diagonal al *parque Jackson*, en el 800 Decatur Street.
(Se dice: **café du mónd**).

CANAL ST=CALLE CANAL: Esta calle se llama así porque años atrás se planeó construir allí un canal que comunicaría el *río Mississippi* con el *lago Pontchartrain*, proyecto que nunca se realizó. En su lugar esta calle, que tiene 3 vías en cada dirección y 2 vías centrales (en el *neutral ground*) para el tránsito del tranvía y/o de autobuses, se convirtió en la calle más ancha del país. Recorre la distancia entre el *río Mississippi*, donde se le llama el **Pie de Canal St. (Foot of Canal St)**, y los *cementerios*, en el límite de lo que se conoce como *Mid City*. Popularmente se dice que *Canal St.* separa el *French Quarter* de la época colonial franco/española, del más moderno sector americano, donde estaban antes la mayoría de los almacenes, bancos, oficinas, etc.   (Se dice: **canál strít**).

BUCKTOWN FISHING VILLAGE: Located on the banks of *Lake Pontchartrain*, behind Orpheum and Hammond Hwy. It was a favorite spot for sport fishing in the so- called "Free State of Jefferson", with bars and a number of not very honorable businesses. Today it is a relatively inactive area.

BYWATER NEIGHBORHOOD: This neighborhood is part of the *Faubourg Marigny;* to the East, it ends at the *Industrial Canal.* Local artists like to live here and there are several art shops in the area. This is the historical settlement of the original artisans, immigrants and free people of color. Even today, there are open sales of art works on weekends.

CAFÉ DU MONDE: CAFÉ OF THE WORLD: Literally from the French. Established in 1860, this is the oldest and most popular coffee shop in the city. This is the place to drink *café au chicory*, *café au lait*, and to eat sugar-covered *beignets*. It is located in its original place, 800 Decatur Street on the edge of the *Mississippi River*, in front of *Jackson Square*.

CANAL ST: The name given to this street derived from the fact that many years ago there were plans to build a navigable canal to link the *Mississippi River* to the *Lake Pontchartrain*. The plan never materialized and in its place a wide street was laid. The street has 3 lanes in each direction and 2 more lanes in the center (*neutral ground*) for the transit of streetcars and /or buses. Thus, this became the widest street in the country. It runs the distance between the River, **(Foot of Canal St.)**, to the *cemeteries*, in the limit of the area known as *Mid City*. In the popular lore, it is said that *Canal St.* separates the *French Quarter* of the colonial Spanish/French era, from the modern American section, where the department stores, banks, offices, etc, were originally located.

CARROLLTON AVENUE=AVENIDA CARROLLTON.
Avenida que recorre desde el *City Park*, donde se convierte
en Weisner (North *Carrollton*), hasta *uptown,* donde empieza
St. Charles Ave. (South *Carrollton*). La avenida se divide en
Norte y Sur en la intersección con Tulane Ave, que es también
la intersección con la Interstate 10. En un principio, **Carrollton
City** era parte de la parroquia de Jefferson y estaba localizada en
el área de *uptown* cercana a *St. Charles Ave.* y el *río Mississippi*,
y su frontera norte llegaba hasta el club campestre de Metairie.
(**Metairie Country Club**). La arquitectura de sus residencias
majestuosas es en gran medida producto del auge que esta
zona adquirió posteriormente a la **Feria Mundial Industrial
de Algodón de 1884**. En esos años pasó de ser un suburbio
placentero, con jardines y tranvía, a zona residencial por
excelencia, sobre todo después de la apertura de los campos
universitarios de *Tulane, Loyola* y *Newcomb*. Hoy en día es un
vecindario vibrante, con restaurantes étnicos, cafés, escuelas de
todo tipo, residencias y bibliotecas públicas. El nombre *Carrollton*
lo adapta y adopta **William H. Williams**, quien diseñó la primera
ciudad de Carrrollton, en honor a William Carroll. **William
Carroll** fue un general que comandó parte de las tropas del general
Andrew Jackson, quienes habían acampado en esta zona unos
días antes de la *Batalla de New Orleans* de1815.
(Se dice: **cá-rrolton áveniu**).

Los amigos se reúnen frecuentemente a comer crawfish.

CARROLLTON AVENUE: North *Carrollton* runs from the *City Park*, where it takes the name Weisner to South *Carrollton* in *uptown*, at the start of *St. Charles Ave.* Tulane Ave., at the point of its intersection with Interstate 10, divides *Carrollton* Ave. into north and south. In early days, **Carrollton City** was part of Jefferson Parish; located in the *uptown* area near *St. Charles Ave.*, and the river, and to the north all the way to the Metairie Country Club. The architecture of its majestic houses is the response to the economic boom after the **1884 World's Industrial & Cotton Exposition**. During those years, the city went from a quiet suburb with gardens and a streetcar to a preferred residential area, particularly after the establishment of *Tulane*, *Loyola* Universities and *Newcomb College*. Today, this is a mixed neighborhood of ethnic restaurants, coffee shops, schools, homes and public libraries. **William H. Williams**, designer of the first city of *Carrollton*, adapted the name to honor **William Carroll**. Carroll was a general who commanded some of the troops of General **Andrew Jackson** that had camped in this area a few days before the *Battle of New Orleans* in 1815.

**CATHEDRAL OF SAINT LOUIS KING OF FRANCE=
CATEDRAL DE SAN LUIS REY DE FRANCIA**: Sobre Chartres
Street, frente al *Jackson Square*. La primera iglesia que se construyó
en 1718 en este mismo lugar era de madera; una segunda iglesia de
ladrillos fue construida aquí mismo en 1727, y fue destruida en el
incendio de 1788. La iglesia fue reconstruida entre 1789 y 1794, la
cual fue extensamente renovada en 1850. Recientemente en el año
2004, fue reparada nuevamente. La iglesia fue establecida como
Parroquia en 1720. Fue declarada **Basílica Menor en 1964**, y hoy
es la catedral activa más antigua de los Estados Unidos. En los
primaros años, perteneció a la Arquidiócesis de la Habana, Cuba. Su
arquitectura es representativa de la europea, con su gran cúpula, la
nave frontal y el órgano. Dentro de la catedral hay lajas de piedra y
placas de acero conmemorativas de eventos y personajes importantes
relacionados con la ciudad de New Orleans. El nombre hace honor
al **Rey (San) Luis IX de Francia**.
(Se dice: **catídral ov séint lúis king ov fránce**).

**CAUSEWAY BRIDGE= PUENTE CAUSEWAY O DE LAS 24
MILLAS:** Este es el puente doble más largo del mundo, con una
longitud de 23.75 millas (aproximadamente 38.23 kilómetros).
Conecta el lado sur con el lado norte del lago *Pontchartrain*.
(Se dice: **cósway bridsh; tuenti-for-máils bridsh**).

*(Leyenda de fotografía de página 141: Plantación Boré - Parque
Audubon. Este sitio de 1781-1820, plantación de Jean Etienne
Boré (1741- 1820) primer alcalde de N.O. 1803-1804. Aqui, Boré
primero granuló azúcar en 1795. Comprada para el parque en
1871. Sitio de la Exposición Centenaria Mundial Industrial y de
Algodón 1884-1885.)*

CATHEDRAL OF SAINT LOUIS KING OF FRANCE: Located on Chartres Street, across from the *Jackson Square*. The first church was built in this same place where two other catholic churches were built: one in 1718, made of wood; the second one made of bricks was completed in 1727 and burned down in 1788. The church was rebuilt between 1789 and 1794 and extensively renovated in 1850 and more recently repaired in 2004. It was established as a Parish in 1720. Today, this is a **Minor Basilica**, designated as such in 1964, and it is the oldest continuous active cathedral in the United States. During the first years, this church was part of the Archdiocese of Havana, Cuba. Its European architecture can be seen in its great cupola, the frontal nave and the organ. There are stone and steel plaques commemorating events and important people related to the history of New Orleans inside the Cathedral. It is named in honor of **Saint Louis IX King of France**.

CAUSEWAY BRIDGE: With its 23.75 miles length, this double bridge is said to be the longest in the world. It connects the south and the north banks of the *Pontchartrain Lake*

Audubon Park

CEMETERY=CEMENTERIO: Curiosamente, el tipo de cementerios que se puede ver aún hoy día en New Orleans no es extraño para los originarios de América Latina o de cualquier ciudad católica europea. Con sus mausoleos elevados y ricamente adornados, son sin embargo una curiosidad para otros ciudadanos de los Estados Unidos. Hay varias versiones populares que pretenden explicar el por qué de estas tumbas que no están a nivel del suelo. Una dice que como el terreno es pantanoso y se inunda con frecuencia, se corre el riesgo de que los ataúdes sean arrastrados por corrientes de agua en caso de inundación, que son muy frecuentes en esta ciudad. La tradición popular dice que en New Orleans los ataúdes deben de tener huecos en el fondo, para que cuando haya inundaciones no floten a la superficie. Según otra versión, durante el gobierno español, algunos médicos, entre ellos **José Ramos Vílchez** y **Joseph Montagut**, preocupados por el rápido contagio de la fiebre amarilla y la malaria, convencieron al gobierno de que los muertos debían ser enterrados en tumbas sobre la tierra, para impedir la diseminación de las enfermedades a través de aguas subterráneas contaminadas por los cuerpos en descomposición. El cementerio **San Luis No. 1** se estableció en las afueras de la ciudad en 1789. Por otro lado, los cristianos de Europa siempre enterraban a sus muertos en tumbas levantadas. Tanto los franceses como los españoles que emigraron a Louisiana eran en su mayoría católicos, lo que hace pensar que establecieron aquí también esa costumbre. Algunos de los cementerios más visitados son el **Saint Louis No.1, No.2, y No.3**, porque allí se encuentran los restos de personajes históricos y de familias de los primeros habitantes europeos. También se dice que deambulan fantasmas en ellos.

(Se dice: **sémeteri**).

CEMETERY: The type of cemetery that seems to be a curiosity in New Orleans is not so for Latin American or European Catholics. With its raised and ornamented crypts, they are different from other cemeteries across the United States. There are several theories that seek to explain the structures of these cemeteries, which to some look like brick elevated ovens. One such explanation says that because the terrain is swampy and often flooded, there is the risk of having the corpses floating with the streams if there is a flood. It is popularly said that in New Orleans the burial boxes must have holes at the bottom, so that when it rains they will not float to the surface. Another explanation says that during the Spanish control of the city, medical doctors, among them **José Ramos Vílchez** and **Joseph Montagut** worried that diseases such as yellow fever and malaria could rapidly spread via the contaminated waters. They convinced the government that it was safer to bury the corpses above the soil, in those elevated boxes. **Saint Louis Cemetery No.1** was open in the outskirts of the city in 1789. On the other hand, European Christians have always buried their dead in such type of elevated crypts. The French as well as the Spanish émigrés in Louisiana were mostly Catholics, which can explain why they continued the same traditional burial practices in their new land. In New Orleans, there are several cemeteries that are frequently visited because they contain the remains of people of historic importance, as well as of some of the families of the first European inhabitants. Popular lore says that there are ghosts in these cemeteries, particularly in **St. Louis #1, #2, and #3.**

CHRIST CHURCH CATHEDRAL = CATEDRAL DE LA IGLESIA DE CRISTO, EPISCOPAL: Esta catedral tiene importancia histórica, pues fue la primera iglesia no católica establecida en New Orleans, ciudad con mayoría de habitantes de religión católica romana. Después de una reunión organizada por un puñado de residentes protestantes para erigir una iglesia no católica, se determinó que la mayoría prefería una iglesia episcopal. La iglesia se fundó en 1804, convirtiéndose así en la iglesia protestante episcopal más vieja en el vasto territorio de Louisiana. Sin embargo, la primera celebración religiosa de esa denominación se llevó a cabo en el *Cabildo*. Desde ese momento, las celebraciones se realizaban en varias localidades de la ciudad, hasta que en 1816 se construyó un edificio para la iglesia, en la esquina de *Canal* con *Bourbon St*. Posteriormente, y luego de haber relocalizado la iglesia dos veces más, se decidió construir el cuarto edificio en el que finalmente se encuentra la iglesia, en *St. Charles Ave.* and Sixth St. El ya famoso arquitecto **James Gallier** estuvo a cargo de la construcción. En 1891, la iglesia se convirtió en catedral. La *Iglesia de Cristo* ha participado activamente en el desarrollo de la comunidad en muchos aspectos. (Se dice: **cráist cherch catídral**).

CITY PARK = PARQUE DE LA CIUDAD: Es el pulmón de la ciudad desde 1854 y tiene unos 6,0702 kilómetros cuadrados (1.500 acres) de terreno. Aquí crecen en forma natural árboles y otra vegetación nativa; hay aves, un jardín botánico, un *jardín de esculturas*, *museo de arte*, fuentes, campos para deportes variados, y área de diversión para niños. Es el sitio de la llamada *Celebration in the Oaks* (celebración bajo los robles). Fue el sitio original de la **plantación Allard**. Tiene una historia pintoresca, ya que esta área fue ocupada por al menos dos tribus de indios nativos (los **Accolapissa** y los **Biloxi**) antes y durante los primeros años de la ocupación europea. Ya durante la época de la colonia, muchos **duelos de honor** se realizaron bajo los árboles de este parque. Se extiende desde el *Bayou Saint John* y Orleans Avenue, hasta Robert E. Lee Boulevard. Se considera uno de los parques públicos más grandes del país. (Se dice: **síti párk**).

CHRIST CHURCH CATHEDRAL, EPISCOPALIAN: This place is of historical importance, since it was the first non-catholic church organized in the predominantly Roman-Catholic city of New Orleans. After a meeting organized by a small group of Protestant inhabitants, it was decided that an Episcopalian church was preferred. The church was founded in 1803, becoming the oldest Episcopal Church in the vast Territory of Louisiana. However, the first religious ceremony, took place at the *Cabildo* in 1805. From that date on, their religious celebrations were held in different places of the city, until 1816 when the first church's building was erected at the corner of *Canal* and *Bourbon St*. Later, and after two other buildings were used, a fourth and last construction was built in its present location, at the corner of *St. Charles Ave.* and Sixth St. The already famous architect **James Gallier** was responsible for the construction. In 1891, the Church of Christ was elevated to a Cathedral. The *Christ Church Cathedral* has actively participated in many aspects of the development of the community.

CITY PARK: It is said that this is the "lungs" of the City since 1854. There are some 1500 acres of land where native trees and other vegetation grow. The grounds host birds, a botanical garden, *art museum*, a *sculpture garden*, water fountains, diverse sporting areas, and children's amusement parks. Here in this Park the *Celebration in the Oaks* is staged every December. This was originally the site of the **Allard Plantation**. It has a picturesque history, since this same area was occupied by at least two Indian tribes: the **Accolapissa** and the **Biloxi**, before and during the first years of the European occupation. During colonial times, many **honor dueling** took place under the oak trees. The Park is bounded by *Bayou St. John*, Orleans Ave., and Robert E. Lee Blvd. It is considered to be one of the biggest public parks in the country.

CONGO SQUARE=PLAZA CONGO: Los dueños de los esclavos, por ser cristianos católicos en su mayoría, se sentían moralmente obligados a permitir que los esclavos no trabajaran durante el día domingo. Pretendían darles libertad condicionada para que ellos practicaran su religión y además pudiesen "disfrutar del día sin trabajo". La *plaza Congo*, un lugar cercano al vecindario *Tremé*, en la *calle Rampart*, se convirtió pronto en el área de reunión de los esclavos, quienes intercambiaban productos, hacían vida social, entonaban sus cantos, practicaban su música y sus danzas. La tradición continúo después de la abolición de la esclavitud, aún cuando los americanos eran menos tolerantes a estas prácticas de música y danza que consideraban salvajes. Las actividades tradicionales casi desaparecieron por muchos años, hasta convertirse en un concepto diferente: el lugar donde la libertad de palabra y expresión eran permitidas a la gente negra. Este se considera el lugar del nacimiento del *jazz*. El *Festival de Jazz y de la Herencia Cultural de New Orleans* como se conoce hoy, comenzó en este parque, en 1970.   (Se dice: **cóngo scuér**).

CONVENTION CENTER = CENTRO DE CONVENCIONES: Nombrado en honor a **Ernest Morial**, quien fuera el primer alcalde negro de la ciudad. Este edificio con salas de varios tamaños donde se realizan convenciones o reuniones de diferentes grupos de profesionales, comerciantes y asociaciones diversas, está entre los siete más grandes del país. Localizado en las márgenes del *río Mississippi*, cerca del área de las viejas bodegas. (Se dice: **convénshion sénter**).

COTTON EXCHANGE BUILDING=EDIFICIO DEL COMERCIO DE ALGODÓN: Localizado en la calle Carondelet a una cuadra del *French Quarter*, este edificio tiene importancia histórica. Aquí se negociaban antiguamente el precio y mercadeo del algodón, desde 1871 hasta 1964. El famoso pintor impresionista francés, **Edgar Degas**, quien visitaba a sus familiares residentes en New Orleans, pintó aquí uno de sus cuadros más famosos: "**The cotton exchange in New Orleans**". El edificio es hoy en día un hotel que conserva la arquitectura original. (Se dice: **cóton exchénsh bílding**).

CONGO SQUARE: Since the slave owners were mostly Christian Catholics, they felt morally obligated to allow their slaves to have Sundays off work for a few hours. They pretended to give them some conditioned liberty so that they too could practice religious rituals as well as enjoy the day without work. *Congo Square*, a place located near *Tremé,* on *Rampart St.*, became the place for these gatherings, where slaves exchanged produces, socialized, chanted and practiced their music and dances. This tradition continued even after the abolition of slavery, when Americans became the rulers of the city, even as they considered those African practices somehow "savage". The practice almost faded away for several years, until it became a different concept: a place for freedom of speech and expression. Today this place is considered the birthplace of jazz. The *New Orleans Jazz and Heritage Festival* started here in 1970.

CONVENTION CENTER: It is named after **Ernest Morial**, who was the first black Mayor of the City. This large building has different size rooms to host conventions, meetings of different commercial and professional associations, and it is among the seven largest convention centers in the country. It is located on the margins of the *Mississippi River*, near the old warehouses.

COTTON EXCHANGE BUILDING: This building is located on Carondelet St., one block from the *French Quarter*, and it has historic value. It was here that the trading of cotton took place from 1871 to 1964. **Edgar Degas**, the famous French impressionist artist, painted at least one of his famous works ("**The cotton exchange at New Orleans**", 1873) while visiting his relatives who lived in this city. Today, this building is a hotel that preserved the original architecture.

DEGAS HOUSE=CASA DEGAS: El famoso pintor impresionista **Edgar Degas** estuvo de visita en ésta casa, en la que residían su hermano René y su esposa **Estelle Musson**. La casa, construída en 1854, no fué nunca propiedad de la familia Musson-Degas, pero allí residieron por muchos años. Está situada en el 2306 *Esplanade Ave.*, y se conserva como museo. (Se dice: **degá jáuse**).

ESPLANADE RIDGE (AVENUE) = (AVENIDA) CRESTA ESPLANADE: Se extiende desde el *French Quarter* hasta el *City Park*. Esta avenida está bordeada de árboles de roble y casas majestuosas. Originalmente era "la gran avenida" de las familias *creole*. Aquí están localizados el *Cementerio Saint Louis* Número 3 y la *Casa Degas*, entre otros sitios turísticos. (Se dice: **ésplaneid ávenu**).

FAIR GROUNDS RACE TRACKS=HIPÓDROMO: Localizado en el 1751 *Gentilly Boulevard*, es uno de los más viejos del país. Las carreras de caballos en este hipódromo han contado con la asistencia de personajes famosos como **Ulysses Grant** (expresidente del país) y el General **George Custer**, entre otros. La temporada de carreras empieza el día de *Thanksgiving* y termina al final del mes de marzo. Aquí se celebra el *Festival de Jazz y de la Herencia Cultural de New Orleans.* (Se dice: **fér-gráunds**).

FAUBOURG MARIGNY= VECINDARIO MARIGNY: Este vecindario, localizado en la parte baja del *French Quarter*, fue un conglomerado de viviendas establecido por **Bernard Marigny de Mandeville**, ciudadano nacido en New Orleans en 1785, en el seno de una familia distinguida y adinerada. (Se dice: **fobó mariñi**).

FAUBOURG TREMÉ= VECINDARIO TREMÉ: Durante el Siglo XIX, éste era el centro de residencias favorito de las familias *creole*. Es una de las secciones más viejas de la ciudad, y ha permanecido casi igual hasta hoy. Por esta razón, se le considera un vecindario histórico. Está habitado por una gran comunidad afro-americana de donde se originan las mejores *bandas cimarronas*. Localizado entre N.*Rampart* y N.Broad y desde *Canal St.* hasta St. Bernard Ave. (Se dice: **fobó tremé**).

DEGAS HOUSE: The impressionist **Edgar Degas** was a guest in this house, where his brother and wife, **Estelle Musson**, resided. The house was built in 1854, but was never the property of the Musson-Degas family, who lived there many years. The house is located on 2306 *Esplanade Ave*. and it is preserved as a museum.

ESPLANADE RIDGE (AVENUE): This Avenue runs from the *French Quarter* to the *City Park*. The Avenue is bordered by oak trees and majestic houses. Originally, this great avenue was home to *Creole* families. *St. Louis Cemetery* No. 3 and *Degas House* are located on this avenue.

FAIR GROUNDS RACE TRACKS: Located on 1751 *Gentilly Blvd.*, is one of the oldest in the country. Some of the famous people that have come to race horses here include former president of the United States **Ulysses Grant,** and General **George Custer**. The season begins on *Thanksgiving Day* and ends at the end of March. This is the ground where the *New Orleans Jazz and Heritage Festival* is held.

FAUBOURG MARIGNY = MARIGNY NEIGHBORHOOD: This neighborhood is located in the lower part of the *French Quarter*, and it was a housing development by **Bernard Marigny de Mandeville**, a native of New Orleans born in 1785, from a distinguished rich family.

FAUBOURG TREMÉ= TREMÉ NEIGHBORHOOD: During the 19th Century, this was the preferred residential area for *Creole* families. It is one of the oldest sections of the City, and it has remained very much the same over the years. For this reason, the neighborhood is considered of historic value. The community is largely African-American where the best *brass bands* originate. Located between N. *Rampart* and N. Broad and from *Canal St.* to St. Bernard Ave.

FLEA MARKET= MERCADO DE LAS PULGAS: Traducido literalmente del idioma inglés. Este concepto de mercado es tan viejo como la civilización de la humanidad. En New Orleans, en años anteriores, se podían encontrar verdaderos tesoros antiguos: ropa, enseres de casa, cristalería, joyería, y mucho más. Hoy en día, es un mercado de artículos nuevos, de bajo precio, casi todos fabricados en el Oriente, entre los que incluyen joyería, ropa, y artículos personales. Algunos artistas locales también venden sus producciones en este mercado. Funciona durante el fin de semana, desde el viernes a medio día hasta el domingo por la noche. Está localizado en la parte trasera del *French Market*. (Se dice. **flí-márket**).

FRENCH QUARTER= VIEUX CARRÉ= BARRIO FRANCÉS: Aunque en general este término se refiere a la vieja ciudad de New Orleans, hoy se ha popularizado más como el espacio comprendido entre *Canal Street*, el *Río Mississippi* , *Esplanade Ave*, y *Bourbon Street* (en vez de *North Rampart*), posiblemente porque es aquí donde están situados los bares, restaurantes y comercio turístico en general. También se le conoce como *Vieux Carré* que significa "el viejo cuadrante", o "el barrio viejo". (Se dice: **french-cuárter; vú car-ré**).

FRENCH MARKET=MERCADO FRANCÉS: Localizado en el 100 Decatur Street. Este mercado fue el centro de comercio de vegetales, especias, carnes y pescados en donde las amas de casa, esclavas cocineras y los dueños de restaurantes, adquirían los ingredientes necesarios para una de las labores más importantes de la familia: la preparación de la comida. Hoy día el mercado se conserva como venta de frutas, granos, y recuerdos de todo tipo. En la parte trasera del mercado, cerca de la calle *Esplanade*, el mercado se convirtió en el "*flea market*". (Se dice: **french-márket**).

GALLIER HALL=SALA GALLIER: Situado el 545 *St. Charles Ave*. Este edificio de tres pisos fue la *Alcaldía* por más de un siglo. Fue construido por el arquitecto **James Gallier** entre 1845 y 1853. Sus amplios salones se usan para diversas actividades, desde presentaciones de teatro, bailes, exhibiciones de arte, etc., hasta parada oficial de las carrozas durante los desfiles de *Mardi Gras*. (Se dice: **gálie jol**).

FLEA MARKET: The concept of a flea market is as old as the human civilization. Years ago, it was possible to find real old and antique treasures in the flea market: clothing, home appliances and furniture, crystals, jewelry, and more. However, today this is more of a new-items market, including jewelry, clothing, and personal articles, almost all of which are made in Oriental countries. Some local artists sell their works in this market as well. The market is open from Friday to Sunday. It is located in the back part of the *French Market.*

FRENCH QUARTER = VIEUX CARRÉ = FRENCH NEIGHBOR- HOOD: This is the place of the original city of New Orleans; however, today it is popularized as the area between *Canal St.,* the *Mississippi River, Esplanade Ave.,* and Bourbon St., (not *North Rampart,* as it should be), possibly because more bars, restaurants and other commercial outlets are located on these streets. The area is also known as *Vieux Carré,* or "old square" or "old town".

FRENCH MARKET: Located on 100 Decatur St., this market was the center of commercial activities for vegetables, spices, meats and fish, where homemakers, slave cooks, and restaurant owners bought the necessary ingredients for the most important family activity: the meals. Today, this market is used for the sale of fruits, nuts, grains, and even souvenirs. The back part of the market, near *Esplanade Ave.,* functions as a *flea market.*

GALLIER HALL: Located at 545 *St. Charles Ave.,* this three-stories building was the Mayor's office for more than a century. It was designed and built by the architect **James Gallier** between 1845 and 1853. Its large rooms have housed diverse activities, from theatre presentations to ball dances, art exhibits, and even has been used as the official *Mardi Gras* stop- site for the floats as they are rolling.

GARDEN DISTRICT = DISTRITO DE LOS JARDINES: Está limitado entre Josephine Street, *Magazine Street*, Louisiana Ave, y Carondelet Street. A veces se le conoce como la **zona americana** de New Orleans. Este vecindario de casas majestuosas, de arquitectura europea, es residencia de algunas de las familias adineradas de la ciudad. Algunas de las mansiones han pertenecido por décadas a la misma familia. En la época de 1850, muchas de estas mansiones fueron construidas por arquitectos alemanes, para las familias alemanas que ya habían amasado pequeñas fortunas, tanto en negocios de cultivo de la tierra, como en panaderías, cervecerías, el transporte marítimo, así como funerarias. El nombre al vecindario se debe a que todas las casas están rodeadas de amplios jardines coloridos, opuestos a los jardines de flores blancas de la gente *creole*. En tiempos recientes, algunas de estas casas han pasado a ser propiedad de artistas de cine que las compran por grandes fortunas y las usan poco. (Se dice: **gárden dístrict**).

GENTILLY BOULEVARD= BOULEVARD GENTILLY: Esta calle amplia que cruza el *bayou Saint John*, originalmente fue el camino de los indios nativos. Desde la fundación de New Orleans por los franceses, al igual que el *bayou Saint John*, este camino fue una ruta importante para conectar el *río Mississippi* con el *lago Pontchartrain* y la ruta hacia los asentamientos en Florida. Hoy es un ancho boulevard con residencias variadas desde elegantes y majestuosas, hasta las desvencijadas. Sobre este boulevard se encuentran *Dillard University*, el hipódromo (*Fair Grounds*) donde se lleva a cabo el *festival de jazz*, anual. Siempre ha sido área residencial de gente blanca y negra, como muchos otros vecindarios de New Orleans. (Se dice: **yentíli búlevard**).

HOLLYGROVE = VECINDARIO HOLLYGROVE:
Vecindario residencial localizado entre el *Rio Mississippi* (Leake Ave.), Earhart Expressway, Monticello St. y Palmetto Ave. Alli se encuentra ubicado el **Hollygrove Senior Center** (Centro para personas mayores), *Xavier University*, y los parques Conrad y Carrollton Playground. Está habitado por gentes de diversos grupos étnicos.
(Se dice: **jóly-gróv**).

GARDEN DISTRICT: The limits of this residential area are Josephine Street, *Magazine Street*, Louisiana Ave, and Carondelet Street. In New Orleans, sometimes this is called the **American Zone**. This neighborhood of majestic houses of European architecture is the residence of some of the wealthiest people in the city. Some of these houses are home to the same families for decades. During the 1850's many of these mansions were built by German architects for the German families that by then had made small fortunes, made by farming the land, or by developing different business such as bakeries, breweries, maritime transportation, as well as funeral homes. The name of this residential area is due to the fact that the houses have extensive colorful gardens, different from the all-white-flowers gardens of the *Creole* families. In more recent times, many of these houses were bought at high prices by film artists who seldom come to visit.

GENTILLY BOULEVARD: This wide boulevard that crosses *bayou St. John* was the original path used by native Indians. Like the *bayou St. John*, this path was used by the Indians and the French as an important route to connect the *Mississippi River* to the *Lake Pontchartrain*, as well as the route to the settlements in Florida. Today, the path is a wide boulevard with a diversity of houses, from the majestic to the very poor and dilapidated. *Dillard University* is located on this boulevard, and so is the hippodrome (*Fair Grounds*) where the annual *Jazz festival* is staged. The area has always been a residential mixture of black and white people, as are many other neighborhoods in New Orleans.

HOLLYGROVE: The limits of this residential neighborhood are the *Mississippi River* (Leake Ave.), Earhart Expressway, Monticello St. and Palmetto Ave. The **Hollygrove Senior Center**, *Xavier University* and the parks Conrad and Carrollton Playground are located in this area. Today, this neighborhood is home to people of all ethnic backgrounds.

IRISH CHANNEL=VECINDARIO DEL CANAL IRLANDES:
Durante las inmigraciones de 1820 a 1860, más de 100.000 irlandeses arribaron a New Orleans, y muchos de ellos residían principalmente en este vecindario, localizado entre las calles *Magazine*, y el *Río Mississippi*, desde Louisiana Avenue hasta el distrito comercial del centro de la ciudad (*CBD*). El vecindario se caracterizaba por ser una de las áreas más difíciles, puesto que abundaban pandillas y grupos de pendencieros que mataban por cualquier desacuerdo. Tanto las autoridades gubernamentales como cívicas y religiosas intervinieron para sanear la region. En la actualidad muy pocos, si acaso, irlandeses viven en ese vecindario, pero hay una cantidad de negocios diversos que lo hacen un lugar atractivo: desde cafeterias hasta tiendas de antigüedades.
(Se dice: **áy-rish chánel**).

JACKSON BREWERY=CERVECERÍA JACKSON:
 Originalmente aquí se producía la **cerveza Jax**, desde 1890 hasta 1974. Esta cervecería la fundaron inmigrantes alemanes que se establecieron en New Orleans antes de 1850. Durante los años de 1980, y después de haber estado desocupado por largo tiempo, convirtieron el edificio en un centro comercial (**mall**) con tiendas de diferente índole. En los balcones de este edificio se celebran algunas de las festividades de fin de año. Está ubicado en la calle Decatur, diagonal al *Jackson Square.* (Se dice: **yákson brúeri**).

JACKSON SQUARE =PLACE D'ARMES = PLAZA JACKSON = ARTILLERÍA: Se encuentra situada frente a la *Catedral Saint Louis*. Limita con las calles Decatur, Saint Ann, Chartres y Saint Peter. Durante los tiempos de los franceses y españoles, éste era el centro de la ciudad. Se llama *Jackson Square* desde 1856, cuando la estatua de bronce del general **Andrew Jackson** fue erigida allí.   (Se dice: **yáKson scuér**).

IRISH CHANNEL: During the immigrations of 1820 to 1860, more than 100,000 Irish people arrived in New Orleans, and many of them lived in this neighborhood, between *Magazine St.* and the *Mississippi River*, from Louisiana Ave., to the *CBD*. The neighborhood was characterized by the street gangs that killed people for small disagreements. Government, civic and religious authorities intervened in order to clean the area. Today, there are very few, if any, Irish people who live there, but there is a diversity of businesses, such as coffee and antique shops that make it an attractive street.

JACKSON BREWERY: This was the original site for the production of **Jax beer**, from 1890 until 1974. This brewery was founded by the German immigrants that arrived in New Orleans before the 1850's. During the 1980's, and after being empty for several years, the building was converted into a **mall** for different shops. It is in the balconies of this building where some of the end-of-the-year festivities are celebrated. Located on Decatur St., across from *Jackson Square*

JACKSON SQUARE=PLACE D'ARMES: This is the square directly in front of the *St. Louis Cathedral*, and is limited by Decatur, St. Ann, Chartres, and St. Peter Streets. During the Spanish and French settlements, this was the center of the City. The park was named *Jackson Square* since 1856, when the bronze statue of General **Andrew Jackson** was erected in the middle of the square.

LEE CIRCLE= CÍRCULO DE LEE: Está localizado en la unión de las avenidas *Saint Charles* y Howard, en una rotonda donde se levanta la estatua del general **Rober E. Lee**, sobre una plataforma y columna también redondas. Popularmente se dice que "la cara del general está mirando al norte, de manera que no le dé nunca la espalda al enemigo". (Se dice: **lí- círcl.**)

LE PETIT THÉÂTRE DU VIEUX CARRÉ = THE SMALL THEATRE OF THE VIEUX CARRÉ= EL TEATRITO DEL VIEUX CARRÉ: Uno de los teatros más antiguos de la ciudad, presenta espectáculos tanto para adultos como para niños. Fundado en 1916, empezó como un grupo de aficionados al teatro, quienes montaban obras teatrales en sus propias casas de habitación. El grupo luego se estableció en la localidad actual, en el 616 Saint Peter St., a un lado de la *Catedral de St. Louis.* (Se dice: **le petí zíater**).

LOUISIANA STATE MUSEUM=MUSEO DEL ESTADO DE LOUISIANA: Situado en el corazón del French Quarter, en el 751 Chartres Street. Este conjunto de museos albergan el *Museo del Jazz*, el *Museo del Presbiterio*, la *Vieja casa de la Moneda*, el *Cabildo*, y el **Museo 1850**, localizados a corta distancia uno del otro. (Se dice: **luisiana stéit miuseum**).

MADAM'S JOHN'S LEGACY= LA HERENCIA DE MADAME JOHN: Construída en 1789, en el 632 Dumaine St., esta casa es una de las más atractivas que sobrevivió el gran incendio de 1795, cuando casi todo el *French Quarter* se incendió, por segunda vez, después del incendio de 1788. De hecho, la casa de Madame John fue reconstruida sobre las cenizas que quedaran después del primer incendio. Es un ejemplo típico de las residencias de familias *creole*, muy similares a las construídas por los franceses en las islas de las Antillas, y que por muchos años predominaron el el *French Quarter*. En la actualidad, la casa forma parte del sistema de 9 *museos del estado de Louisiana.* (Se dice: **mádam yóns lígaci**).

LEE CIRCLE: This round park located at the junction of *St. Charles Ave.* and Howard Ave., is the site for the statue of General **Robert E. Lee**, which stands over a tall column in the center of the plaza. Popular lore says that "the General is facing the north, not to ever give his back to the enemy".

LE PETIT THÉÂTRE DU VIEUX CARRÉ = THE SMALL THEATRE OF THE VIEUX CARRÉ: This is one of the oldest theaters in the City, with shows for children and adults. It was opened in 1916 as a small amateur's theatre for playwrights, who liked to stage theatrical plays in their own homes. The group later established itself in this rental building, where it remains to this day. It is located on 616 St. Peter Street, on one side of the *Saint Louis Cathedral*.

LOUISIANA STATE MUSEUM: Located in the heart of the French Quarter, at 751 Chartres St., this is only one of the several buildings that are parts of the State's museums; nearby buildings house the *Jazz Museum*, the *Presbytère* Museum, the *Old Mint* Museum, the *Cabildo*, and the **1850 Museum**.

MADAME JOHN'S LEGACY: Built in 1789 at 632 Dumaine St., this is one of the most attractive houses that survived the fire of 1795, when almost the entire *French Quarter* was burnt, for a second time, after the first fire of 1788. Madame John's house was rebuilt over the ashes of the first fire. The house is a good example of the residences of *Creole* families, and very similar to those built by the French in the Antillean isles, which for many years were predominant in the *French Quarter*. Today, this house is part of the *Louisiana State Museum System*.

MOON WALK=PROMENADE MOON=CAMINO MOON: Es el área de paseo frente al *río Mississippi*, sobre el *levee* que corre frente a *Jackson Square*, y que pasa justo detrás del *Café du Monde*. Nombrada en honor a **Maurice Edwin "Moon" Landrieu**, quien fue alcalde de New Orleans de 1970 a 1978. Siempre ha servido como un lugar para pasear frente al río, en las noches de verano para recibir alguna brisa fresca, y durante las tardes de invierno, para recibir un poco de sol. Es un lugar atractivo, con fuentes, escaños para sentarse, estatuas y zonas verdes. Frecuentemente se pueden encontrar allí músicos solitarios tocando el saxofón o la corneta. (Se dice: **mún-wók**).

MUNICIPAL AUDITORIUM=AUDITORIO MUNICIPAL: Es parte del llamado Centro Cultural de New Orleans, junto con el Teatro de Bellas Artes **Mahalia Jackson**, el *Parque Armstrong* y *Congo Square*. El auditorio abrió en 1930, y en él se han llevado a cabo bailes de *Mardi Gras*, conciertos y encuentros deportivos, y hasta sirvió temporalmente como casino, en años recientes. (Se dice: **miunícipal oditórium**).

NEW ORLEANS MUSEUM OF ART = NOMA = MUSEO DE ARTE DE NEW ORLEANS: Localizado en el *City Park*, este es el museo más viejo de la ciudad, y contiene una colección impresionante de arte americano y francés, obras de **Degas**, Picasso, Miró y otros artistas; también tiene una gran colección de fotografías, trabajos en vidrio y piezas orientales. Además hay una gran cantidad de arte colonial de norte, centro y sur América, arte **Maya** y arte **Inca**. También aquí se encuentra una gran colección de esculturas de **Alejandro Alférez**, inmigrante mexicano que vivió, casi todos sus 100 años de vida, en esta ciudad. El *Jardín de esculturas* es parte de este museo. El museo fue donado originalmente por **Isaac Delgado**, filántropo de origen español, en 1910. Este museo se llamó **Isaac Delgado Museum of Art** (Museo de Arte Isaac Delgado). (Se dice: **nu-órleans miuséum ov art**).

MOON WALK=PROMENADE MOON: This promenade runs near the River, over the levee across from *Jackson Square*, and behind the *Café du Monde*. Its name is in honor of former Mayor **Maurice Edwin "Moon" Landrieu**. It has always served as a promenade for persons wanting to walk near the river during the hot summer nights, to get some cool breeze, and during afternoon winters, to receive a little sunshine. There are fountains, benches, statues and green areas, making the place very attractive. Quite frequently one would find amateur and professional musicians playing their saxophones or cornets in this promenade.

MUNICIPAL AUDITORIUM: Along with the **Mahalia Jackson** Theatre for the Performing Arts, the *Armstrong Park*, and the *Congo Square*, it is part of the New Orleans Cultural Center. It was opened in 1930, and it has housed *Mardi Gras* balls, concerts, sports events and it even housed a casino for a few years.

NEW ORLEANS MUSEUM OF ART= NOMA: Located in the *City Park*, this museum is the oldest art museum in the city, with a large and impressive collection of American and French art, from **Degas**, to Picasso, Miró, and more; photographs, glass works, and Oriental pieces. There are also collections of North, Central, and South American colonial artifacts, from the **Mayas** to the **Incas**. It also houses a great collection of sculptures by **Alejandro Alférez**, a Mexican immigrant that lived in this city for most of his 100 years of age. The *Sculpture Garden* is part of this museum. The museum was originally donated in 1910 by **Isaac Delgado**, a philanthropist of Spanish origins, and bore the name **Isaac Delgado Museum of Art**.

OLD U. S. MINT= VIEJA CASA DE LA MONEDA: Esta casa, construída en 1835, en el 420 *Esplanade Ave.*, operó desde 1838 hasta 1862, y luego desde 1879 hasta 1920, produciendo cada mes unos cinco millones de dólares en monedas. Esta es la única Casa de Moneda en el país que ha producido para los Estados Unidos y para los Estados Confederados. Tiene su lugar en la historia de la ciudad pues fue en esta casa donde el General **Andrew Jackson** pasó revisión a sus tropas antes de la *Batalla de New Orleans*. También en este sitio, en 1862, fue ahorcado **William Mumford**, un soldado confederado quien se ha considerado mártir: su delito fue bajar la bandera de los Estados Unidos de su mástil. Actualmente es parte del *Louisiana State Museum*, y alberga el *Museo del Jazz*, y exhibiciones alusivas al *carnaval*, además de una gran colección de documentos históricos. También aquí se celebra el *Satchmo Summer Fest* y otros festivales que incluyen música y comidas.
(Se dice: **old-iu-es mint**).

ORPHEUM THEATRE: TEATRO ORPHEUM: Inaugurado en 1921, fue un teatro popular, con presentaciones jocosas y música satírica o burlesca. Pronto se convirtió en sala de películas mudas. Para 1989, después de años de estar abandonada fue reparada y se convirtió en la sede de la Orquesta Filarmónica de Louisiana. Figura en el Registro Nacional de Lugares Históricos. Está localizado en University Place, cerca Poydras y *St. Charles Ave.*
(Se dice: **órfeum zíeiter**).

PITOT HOUSE=CASA PITOT: Situada en 1440 Moss Street, su arquitectura es típica de las Antillas, construida cerca de 1799 frente al *Bayou Saint John.* . En 1810, fue la residencia de **James Pitot**, quien fuera el primer alcalde de New Orleans, de 1804 a 1805. De ahí su nombre. Hoy día es una casa-museo, con jardines atractivos.
(Se dice: **pitó jáuse**).

OLD U.S. MINT: This building which is located at 420 *Esplanade Ave.* was erected in 1835 and was actively minting coins since 1838 until 1862, and later from 1879 until 1920, where approximately five million dollars in coins were produced every month. This was the only place in the country to serve as a mint for the U. S. and Confederate States. The building has its historical value since it was here that **General Andrew Jackson** checked his troops before the *Battle of New Orleans*. The building is also famous because it was here that **William Mumford**, a Confederate soldier, was hanged in 1862. He was later considered as a martyr, because his only sin was to lower the American flag from its post. The building today is part of the *Louisiana State Museum System*, and it is home to the *Jazz Museum*, *Mardi Gras* exhibits, and a big collection of historic documents. This is also the site for the *Satchmo Summer Fest*.

ORPHEUM THEATRE: It was inaugurated in 1921 for vaudeville presentations. It soon became a silent-movie house. By 1989, after years of neglect it was repaired and became the home of the Louisiana Philharmonic Orchestra. It is registered in the National Registry for Historical Places. It is located on University Place, near Poydras St. and *St. Charles Ave.*

PITOT HOUSE: Located at 1440 Moss St., the house is of Antillean architecture, and it was built circa 1799 across from the *Bayou Saint John*. In 1810, the house was the official residence of **James Pitot**, who was the first mayor of incorporated New Orleans from 1804 to 1805. Today, the house with its attractive gardens is preserved as a museum.

PONTALBA BUILDINGS= EDIFICIOS DE APARTAMENTOS PONTALBA: Se empezaron a construir en 1849 por los arquitectos **James Gallier** y su hijo para la **Baronesa Micaela de Pontalba**, hija del último gobernador español, **Don Andrés Almonester y Roxas**, quien yace enterrado debajo de la *catedral de St. Louis*. Estan localizados a ambos costados del *Jackson Square*, sobre las calles Saint Peter y Saint Ann. Son 32 unidades, 16 a cada lado del parque, cada una con 3 pisos y un ático. Algunos de estos apartamentos albergan diversos establecimientos comerciales en el primer piso, mientras que los pisos superiores se conservan aún como área residencial. (Se dice: **pontálba bíldings**).

PRESERVATION JAZZ HALL = SALA DE CONSERVACIÓN DE JAZZ TRADICIONAL: Es uno de los pocos lugares donde los músicos tocan exclusivamente *jazz tradicional*. Es un lugar viejo, de pocos asientos, donde la gente prefiere estar de pie o sentada en el suelo. Está localizada en 726 Saint Peter St. a una cuadra de la *catedral de St. Louis*. (Se dice: **preserveísh-ion yáss jol**).

PUMPING STATIONS= ESTACIONES DE DESAGÜE: El sistema de desagüe de la ciudad de New Orleans y de otras ciudades en el sur de Louisiana consiste en una serie de bombas mecánicas que funcionan con electricidad. Estas bombas sacan el agua de la ciudad cuando ésta se inunda, ya sea por lluvias frecuentes o por otros fenómenos naturales como huracanes. Este sistema de desagüe se empezó a usar desde 1897, cuando se construyó la primera bomba con este propósito; entre ese año y el año 1903, se construyeron más bombas; posteriormente, en 1945 se construyeron otras más. Para el año 2005 había 148 bombas de estas en el sur de Louisiana, 22 de ellas en el área de New Orleans. Por ejemplo, hay tres en Broad St.: una cerca de *Gentilly Blvd*, en N. Broad y Tureaud St.; otra en N. Broad y St. Louis (*Mid City*) y otra en S. Broad y Eve St., cerca de Washington Ave. Otras localidades, como *New Orleans East*, Metairie, Jefferson, St. Bernard y Plaquemine tienen sus propias estaciones. Una de las bombas de desagüe más conocida localmente y en otras partes del mundo, la inventó un ciudadano nativo de New Orleans: **Albert Baldwin Wood**. Ese ingeniero, graduado de *Tulane University*, inventó la llamada **Wood Screw Pump** o **Bomba de atornillar Wood** en 1913. (Se dice: **pómp-in-stéi-shons**).

162

PONTALBA BUILDINGS: Built in 1849 by the architects **James Gallier** and his son for **Baroness Micaela de Pontalba**, daughter of the last Spanish governor, **Don Andres Almonester y Roxas**, who remain buried inside the *St. Louis Cathedral*. The buildings are located on both sides of *Jackson Square*, on St. Peter and St. Ann Streets. There are 32 units, 16 on each side of the square, and each house has 3 floors plus the attic. Today, some of the apartments are home to several small commercial establishments on the lower floors, while the upper floors are residential.

PRESERVATION JAZZ HALL: This is one of the very small groups of halls that still play traditional jazz only. The hall is located at 726 St. Peter St., a block away from the *St. Louis Cathedral*. It is old and has very few seats. But, people prefer standing while listening to the music.

PUMPING STATIONS: The drainage system consists of a series of electric mechanical pumps that force the water out of the city when it floods, be it by excessive rain or by hurricanes. This system of drainage was already in use since 1897, when the first pump was built for this purpose; more pumps were built between that year and the year 1903. In 1945 other pumps were built and by the year 2005 there were 148 pumps like these in South Louisiana, with 22 of them in New Orleans. There are three pumps located on Broad St: one in N. Broad and Tureaud St. (near *Gentilly Blvd.*); one in N. Broad and St. Louis (*mid city*); and one in S. Broad and Eve St.(near Washington Ave). There are many more throughout the city and in other places such as *New Orleans East*, Metairie, Jefferson, St. Bernard y Plaquemines parishes. One of the best known water pumps locally and throughout the world is the **Wood Screw Pump**, invented in 1913 by **Albert Baldwin Wood**, a native New Orleanian engineer who graduated from *Tulane University*.

RAMPART ST=REMPART ST= CALLE RAMPART: Esta es una calle con mucha historia, y algunos de los establecimientos localizados allí son también históricos. (*Armstrong Park, Congo Square*, the *Sanger Theatre*). El nombre original en francés era "**Rempart**", y esta calle sirve como límite del *CBD*, del *French Quarter* original, llegando hasta el *Lower 9th Ward*. Durante los años de la década de 1900 fue un lugar de importancia comercial y cultural de la comunidad afroamericana. (Se dice: **rámpart**).

SAENGER THEATRE=TEATRO SAENGER: Abrió sus puertas en 1927 como sala de películas mudas, obras teatrales pequeñas, y conciertos de la Gran Orquesta Saenger. Posteriormente se introdujeron las películas habladas, y más tarde, teatro moderno de Broadway. El edificio está registrado como Lugar Histórico en el Registro Nacional. Se encuentra localizado en la calle *Canal* con *Rampart St*. (Se dice: **sáng-guer zíeiter**).

SAINT CHARLES AVENUE = AVENIDA SAN CARLOS: Esta avenida que cruza la ciudad desde el borde del *French Quarter* hasta *Carrollton Ave.*, es donde se encuentran aún algunas mansiones construídas por los primeras familias adineradas durante los años de 1800, y quienes en ocasiones eran dueños de plantaciones y múltiples negocios y propiedades aledañas. La avenida se llamaba **Niiades St.,** y llegaba hasta el **Tívoli Circle**, hoy conocido como *Lee Circle*; tambièn se llamó calle **San Carlos** durante la dominación española, en honor a Carlos III, rey de España. La avenida está asentada sobre lo que había sido un levantamiento natural del terreno, sobre el cual se construyó, posteriormente, la vía para el *tranvía* de la línea St. Charles. (Se dice: **séint chárls ávenu**).

SCULPTURE GARDEN=JARDIN DE ESCULTURAS: El llamado **Besthoff Sydney & Walda Parque de Esculturas**, está localizado dentro del *City Park*, junto al *Museo de Arte*. Inaugurado en noviembre 2003, este jardín de casi 2,023 hectáreas (5 acres) fue diseñado para exhibir una colección permanente de esculturas de artistas europeos, americanos, israelitas, latinoamericanos, y japoneses, de los siglos XX y XXI. (Se dice: **scólp-tshur gárden**).

RAMPART ST=REMPART ST: This is a historic street filled with historic establishments (*Armstrong Park*, *Congo Square*, and the *Saenger Theatre*). The original French name was "**Rempart**", and the street is the limit to the original *French Quarter*, the *CBD*, and it extends to the *Lower 9th Ward*. During the early years of the 1900's it was a very important commercial and cultural area for the African-American community.

SAENGER THEATRE: It opened in 1927 as a silent-movies house, stage plays, and music concerts by the Saenger Grand Orchestra. It later introduced "talking" movies, and even modern Broadway Theater. The building is entered in the National Register of Historic Places. Located on *Canal* and *Rampart St.*

SAINT CHARLES AVENUE: This Avenue crosses the city from the edge of the *French Quarter* to *Carrollton Ave.*, and it is the area where big mansions were built in the 1800's by the first wealthy citizens, who often were plantation owners, businessmen, and owners of surrounding land and properties. The Avenue was named **Niiades St.**, and it ended at the **Tivoli Circle** (today *Lee Circle*). It also bore the name **San Carlos** after Carlos III, King of Spain. The Avenue rests over what was a natural elevation of the terrain, over which was built the foundation for the St. Charles Line *streetcar*.

SCULPTURE GARDEN: The **Sydney & Walda Besthoff Sculpture Garden** is located inside the *City Park*, next to the *Art Museum*. It was inaugurated in November 2003; it is almost 5 acres big and was designed to house a permanent collection of a diversity of sculptures by European, American, Israeli, Latin American and Japanese artists from the 20th and 21st Centuries.

SPANISH FORT AT BAYOU ST. JOHN=FORTALEZA ESPAÑOLA EN EL BAYOU SAINT JOHN: Construida en 1770, y conocida entonces como fuerte St. John. Durante el régimen colonial español el fuerte fue ampliado y reconstruido en ladrillo, por lo que popularmente se le empezó a llamar "**Fuerte español**". El fuerte fue ocupado por las tropas durante la *Batalla de New Orleans* (1814-1815) Ya a principios de 1800, tenía un faro y en 1820 tuvo un hotel, casino, un kiosco para banda, casas de vestidores para bañistas y varios restaurantes. En la actualidad no queda mucho de este fuerte. Se encuentra al otro lado de la desembocadura del *Bayou Saint John*.
(Se dice: **spánish-fórt at báiu séint yon**).

SPANISH CUSTOM HOUSE = CASA DE LA ADUANA ESPAÑOLA: Localizada en el 1300 Moss Street, frente al *bayou St. John*. Esta casa sirvió como almacenaje de todo tipo de cosas confiscadas a los piratas que navegaban sus botes hasta el bayou. Fue construida en 1784, y aún hoy conserva la belleza de su construcción al estilo de las casas de las plantaciones antillanas, con galerías llenas de ventanales de frente al *bayou*.
(Se dice: **spánish cóstom jáuse**).

SUPERDOME STADIUM = ESTADIO SUPERDOME: Construido como un sombrero de marinero, con una cúpula redonda, ha sido el estadio deportivo favorito para deportes como el fútbol americano; además ha servido desde 1975 para otros eventos como circos, convenciones y exhibiciones comerciales diversas. Este estadio está entre los más grandes del país, con un diámetro de 207,26 metros (680 pies) que abarcan más de 5,26 hectáreas (13 acres). Tiene 27 pisos y capacidad para 76.000 espectadores. (Se dice: **súperdom stédium**).

THE ARSENAL=EL ARSENAL: Construido en 1839, localizado en el 600 St. Peter., en el sitio original del arsenal español, erigido en 1769. Éste era el lugar donde se guardaban armas y materiales militares, así como un museo de guerra. Hoy forma parte del *sistema de museos de Louisiana*, donde hay diferentes exhibiciones dedicadas a explicar el desarrollo del estado de Louisiana. (Se dice: **d'ár-senál**).

SPANISH FORT AT BAYOU ST. JOHN: When it was built in 1770, this Fort was known as Fort St. John. During the Spanish colonial government, this fort was rebuilt with bricks and enlarged, so people started calling it "**Spanish Fort**". During the *Battle of New Orleans* (1814-1815), the troops occupied it. Since the beginning of the 1800's, there was a lighthouse here, and since 1820, there were a hotel, a casino, a band's kiosk, bath-houses, and several restaurants in this same building. Today, there is not much left of the building, located at the mouth of *Bayou St. John*.

SPANISH CUSTOM HOUSE: The house is located at 1300 Moss St., across from the *bayou St. John*. This building served as a warehouse for all types of goods confiscated from the pirates who navigated into the bayou in their boats. The old *Spanish Custom House* was built in 1784, and it still preserving the beauty of Antillean-style houses, with long-windowed galleries facing the bayou.

SUPERDOME STADIUM: The building has the shape of a sailor's hat, a round cupola, and it has been a favorite sports stadium as well as the site for circus presentations, national conventions, and a diversity of commercial exhibits since 1975. This stadium is among the biggest in the country, with a diameter of 680 feet on an area of some 13 acres. It has 27 floors and a capacity for 76.000 spectators.

THE ARSENAL: Built in 1839, it is located at 600 St. Peter St., in the original site of the Spanish arsenal built in 1769. This is the place where arms and military equipment were stored, and it was a war museum. Today, it is part of the *Louisiana State Museum System*; it houses diverse exhibits dedicated to the history of the development of Louisiana.

THE CABILDO= EL CABILDO: Construido entre 1795 y 1799. Aquí se habia asentado el gobierno municipal español de New Orleans. Actualmente es un sitio histórico, donde se formalizó el **Contrato de compra de Louisiana (Louisiana Purchase)** en 1804. El Cabildo sirvio también como sitio la Corte Suprema de Justicia del estado de Louisiana desde 1847 hasta 1911. Está localizado al lado izquierdo de la *catedral Saint Louis*, en el 701 Chartres St. Es uno de los 9 locales que forman el *sistema del Louisiana State Museum*, donde las exhibiciones están dedicadas a la historia del desarrollo del estado de Louisiana desde sus orígenes hasta nuestros días. (Se dice: **de cabíldo**).

THE JAZZ MUSEUM= EL MUSEO DEL JAZZ: Está en el 400 *Esplanade Ave.* , en el edificio de la *Vieja Casa de la Moneda*. Contiene instrumentos musicales, entre las que se incluye la primera corneta de **Louis Armstrong**, así como recuerdos, fotografías, e historias del nacimiento y desarrollo de la *música jazz*. (Se dice: **de yáss miusíom**).

THE PRESBYTÈRE = ECCLESIASTICAL HOUSE = PRIEST-HOUSE = EL PRESBITERIO: Su construcción empezó cerca de 1791. Este lugar fue la residencia de los monjes capuchinos, o **casa cural**, durante los primeros años de la fundación de New Orleans. Aunque nunca se terminó de construir en vida del gobernador **Don Andrés Almonester y Roxas**, es una de las tantas contribuciones del gobernante español al desarrollo de la ciudad. Hoy en día es uno de los 9 locales que son parte del *Louisiana State Museum*; allí se pueden admirar pinturas, fotografías y "tesoros" diversos, así como una exhibición permanente de *Mardi Gras*. Está localizado en el 751 Chartres St., al lado derecho de la *catedral Saint Louis*, frente a *Jackson Square*. (Se dice: **de prés-bitér**).

THE CRESCENT CITY CONNECTION = CONECCIÓN DE LA CIUDAD EN CUARTO CRECIENTE: Conecta el *West Bank* (la costa oeste del río) con el centro de la ciudad, al lado este del río. Originalmente era un solo puente con dos vías. Hoy son dos puentes, uno que va en dirección oeste, y otro que va en dirección este. Al finalizar la construíción del segundo puente, hubo un concurso para adoptar un nombre para ellos y se escogió este. (Se dice: **crés-cent síti conéc-shion**).

THE CABILDO: Built between 1795 and 1799, this is a historic building, since it was here that the signing of the **Louisiana Purchase** took place in 1804, and it was also the seat of the Louisiana State Supreme Court from 1847 until 1911. It is located next to the *St. Louis Cathedral*, to the left, at 701 Chartres St.; today it is one of the *Louisiana State Museum System*, dedicated to the history of Louisiana and its origins.

THE JAZZ MUSEUM: Located at 400 *Esplanade Ave.*, this museum is inside the *Old U.S. Mint House*. It houses musical instruments, including the first cornet played by **Louis Armstrong**, souvenirs, photographs, and documents of the history and development of *jazz music*.

THE PRESBYTÈRE= ECCLESIASTICAL HOUSE = PRIEST-HOUSE: The construction of this building started circa 1791. This was the residence for the catholic Capuchin friars during the first years of the foundation of New Orleans. The building was never finished while governor **Don Andres Almonester y Roxas** was alive, but this was one of the many contributions of the Spanish governor to the development of the city. Today, it is one of the 9 places that constitute the *Louisiana State Museum System*, where there are paintings, photographs, and a diversity of "treasures", as well as a permanent *Mardi Gras* exhibit. It is located on 751 Chartres St., to the right side of *St. Louis Cathedral*, across from *Jackson Square*.

THE CRESCENT CITY CONNECTION: This Bridge connects the *West Bank* with the center of the city, located on the east side of the *Mississippi River*. It was originally only one bridge with two lanes. Today, it consists of two bridges, one going west, and the other coming into the east. When the second bridge was finished, an open competition to select a name for it decided on this name: **Crescent City Connection**.

URSULINE CONVENT=CONVENTO DE LAS MONJAS URSULINAS: Está localizado en el corazón del *French Quarter*, en el 1100 Chartres St. Las primeras hermanas Ursulinas llegaron a New Orleans en 1727, con intención de educar a las señoritas europeas que llegaban como futuras esposas de los colonos. El edificio del convento actual se Construyó en 1745 bajo los auspicios de **Louis XV, rey de Francia**. La historia del convento es impresionante, puesto que durante diferentes épocas albergó a personajes tan humildes como los huérfanos de la masacre de Natchez, soldados franceses, españoles y confederados, esclavos negros, indios, líders sociales de la aristocracia *creole*, mercaderes americanos e italianos, santos y pecadores. Este es el único edificio que sobrevive desde los tiempos de la colonia francesa. Fue construído 25 años después de la primera ciudad de New Orleans, y 25 años antes de pertenecer a los Estados Unidos de América. Es el edificio más antiguo del Valle del Mississippi. Hoy alberga un museo de arte religioso, así como archivos de la arquidiócesis de New Orleans. La Iglesia de St. Mary, parte del convento, estuvo activa hasta el año 2005, antes del huracán Katrina.
(Se dice: **órsolin cónvent**).

WAREHOUSE DISTRICT=DISTRITO DE LAS ADUANAS: Las bodegas aduanales que por muchos años estuvieron casi abandonadas, hoy en día se han reconstruído y remodelado para convertirlas en locales para restaurantes, museos, edificios de apartamentos, y galerías de arte. Está localizado en el centro del distrito de negocios *(CBD)*. (Se dice: **uérjáus-dístrict**).

WOLDENBERG RIVERFRONT PARK=PARQUE WOLDENBERG FRENTE AL RÍO: Se extiende desde el *Moon Walk* al final de la calle Governor Nichols, hasta el *Acuario de las Américas*. Es una área de paseo frente al *río Mississippi*, con zonas verdes, escenarios para festividades diversas, bancas para sentarse, y atracadero para barcos de turismo.
(Se dice: **uáldenberg ríverfront párk**).

URSULINE CONVENT: Built in the heart of the *French Quarter*, at 1100 Chartres St. The first Ursuline nuns arrived in New Orleans in 1727 with the intention of educating the European young ladies that were to be the future wives of the first colonial settlers. The building as it is today was built in 1745 under the protection of **Louis XV, King of France**. The history of the convent is impressive: during different years it housed the very humbled , such as the orphan children of the Natchez massacre, soldiers of French, Spanish and Confederate battalions, black slaves, native Indians, as well as social leaders of the *Creole* aristocracy, and American and Italian merchants. This building is the only one that survived from the French colonial days. It was built 25 years after the first settlement of New Orleans, and 25 years before the United States of America. The building is the oldest in the Mississippi Valley. Today, it houses a religious museum as well as archives for the archdioceses of New Orleans. Saint Mary's Church, part of the convent, was still active until 2005, before the hurricane Katrina.

WAREHOUSE DISTRICT: The original warehouses that for many years were abandoned were rebuilt and remodeled to house small restaurants, museums, apartment complexes, and art galleries. Located in the *CBD*.

WOLDENBERG RIVERFRONT PARK: This Park extends from the *Moon Walk* at the end of Governor Nichols St., to the *Aquarium of the Americas*. It is a promenade in front of the *Mississippi River*, with green areas, stage for diverse activities, benches and landing docks for tour boats.

6

VOCABULARIO LOCAL

Yeah, yo'rite!
"¡Tienes razón!"

(Expresión popular)

Todo país, región o barrio, tiene su propio vocabulario, que quizás no corresponda al lenguaje generalmente aceptado por las reglas académicas tradicionales, pero que es válido por cuanto es lo que el pueblo utiliza en su comunicación diaria. New Orleans no está exento a este fenómeno, sobre todo por su enorme mezcla de razas, culturas y grupos étnicos. Así, tanto las comidas como los barrios, las cosas y lugares, las expresiones de alegría, tristeza, amor y hasta expresiones deportivas, tienen aquí un colorido vocabulario bastante típico y característico. Este vocabulario es el llamado "local patois". Incluimos las palabras y expresiones locales comúnmente utilizadas en el ámbito social.

Las comidas también tienen nombres poco usuales
en el   vocabulario común del resto del país.

172

6

LOCAL PATOIS

"Yeah, yo'rite!"

*(*Popular expression*)*

Every country, region, or neighborhood, has its own vocabulary, which may or may not correspond to the language generally accepted by the traditional academic rules, but that is valid in that it is the language that the people use in their daily communications. New Orleans is not exempt from this phenomenon, especially because of its great mixture of races, cultures, and ethnic groups. Thus, foods, neighborhoods, things, places, expressions of happiness, sadness, sports, and love, have their own typical and characteristic colorful vocabulary. This vocabulary is the so-called "local patois". Included here are words and local expressions commonly used in the social environment.

A local, free publication bears the name of a popular expression.

¿¡QUÉ DIJO?!

AM-BRELLA=UMBRELLA=SOMBRILLA: Es característica de los ciudadanos de New Orleans cargar una sombrilla todo el tiempo, pues se usa tanto para protegerse de las lluvias frecuentes y repentinas, así como del sol implacable. La gente nativa pronuncia la palabra con énfasis en la primera **a**, como si fueran dos palabras separadas. (Se dice: **ám-brela**).

"AWRIGHT"= ALL RIGHT?! = ¿COMO ESTAS?!: Literalmente significa **"¿todo bien?";** pero, por extraño que parezca, éste es el saludo que en inglés correcto sería "**how are you**?". Amigos y conocidos se ven en la calle y se saludan de esta manera tan peculiar. Esta costumbre es común particularmente entre la gente negra. También se usa como respuesta: "**estoy bien**" (Se dice: **oó-ráit!**). (Nota: ver: *"Where y'at"*)

BADGE=NAME TAG= GAFETE=CORCHETE: Tarjeta en la que se escribe el nombre de una persona, una institución o negocio, a fin de identificar al mismo. En las conferencias se preparan de antemano con el nombre adecuado, se ponen dentro de un sobre plástico y se les ata un cordón en forma de collar, o una gacilla, para que las personas lo lleven puesto en un lugar visible. De esta manera identifica su asociación con la conferencia o actividad social a la que asisten. (Se dice: **bá-dsh**).

BARGE=BARCAZA: Es una embarcación de fondo plano, que se usa para transportar carga pesada sobre el *río Mississippi*. (Se dice: **bársh**).

**BISTRO=BUISTRO=FAST-SERVICE RESTAURANT =
RESTAURANTE DE SERVICIO RÁPIDO:** Restaurante pequeño que sirve comida y vino en forma más rápida de lo que lo harían en un restaurante regular. Es más elegante que un local llamado "Café". Los franceses la adoptaron de los rusos (**buistro** significa **rápido** en ruso). En New Orleans hay muchos restaurantes tipo *bistro*. (Se dice: **bístro**).

SAY THAT AGAIN?!

AM-BRELLA=UMBRELLA: It is customary for New Orleans people to carry their umbrellas at all times, since it is used as protection against the sun as well as the sudden frequent rains. Natives pronounce the word with emphasis in the vowel **a**, as if there were two separate words: **ám-brella**

"AWRIGHT"= ALL'RIGHT?!=HOW ARE YOU DOING?!: In New Orleans, this is used instead of **"How are you"**, and it is the way most people salute one another as they meet passersby on the streets. This is particularly true for African-Americans.

BADGE=NAME TAG: Identification card for a business, an institution or a person, attached inside a plastic cover and generally attached to a safety pin or with long cord to wear as a collar, where it is visible at all times during a conference or a social activity.

BARGE: A flat-bottomed ship used to transport heavy cargo on the *Mississippi River.*

BISTRO= BUISTRO=FAST-SERVICE RESTAURANT: A small, semi-formal restaurant that serves food and wine <u>faster</u> than a regular restaurant. It is more elegant than a Café. French people adapted the word from the Russian **buistro**, which means **fast**. There are many of these *bistro* restaurants in New Orleans.

BO-KOO=BEAUCOUP=ABUNDANT=ABUNDANTE: Esta palabra francesa forma parte del lenguaje cotidiano entre la gente *creole*, principalmente al referirse a la comida, como en: **"Would you like a *repass*? We have *bo-koo* for all"** ("¿Le gustaría un refrigerio? Tenemos comida en abundancia para todos").
(Se dice: **bo-cú**)

BRUNCH=DESAYUNO-ALMUERZO: Es una palabra que combina las palabras **breakfast** (desayuno) y **lunch** (almuerzo). En New Orleans es costumbre hacer este tipo de comida que combina elementos del desayuno, tales como el café, los *grits*, los jugos y las frutas, con elementos del almuerzo como las papas cocidas de diversas formas, el *gumbo*, y los chorizos (*boudin*). Los postres pueden incluir *budín de pan* con aderezos alcohólicos (*bread pudding*), y hasta champaña. "**Let's do brunch**" es una frase común para la comida dominical después de los servicios religiosos.
(Se dice: **brónch; léts du brónch**).

CAT-LICK=CATHOLIC=CATÓLICO: La población de New Orleans es religiosa en su mayoría, y un alto porcentage es católica. Muchas de las tradiciones católicas estan infiltradas en la cultura y creencias de la ciudad. Por ejemplo: la novena a San Judas Tadeo, patrón de los imposibles, para conseguir trabajo, es una tradición arraigada entre católicos y no católicos de la ciudad.
(Se dice: **cát-lic**)

CAJUN= ACADIAN=ACADIANO: Personas de origen francés que vivían en Nueva Escocia, Canadá, quienes, forzados por la persecución de los ingleses, emigraron, entre otros lugares, a Louisiana, donde los españoles los recibieron sin problema. Se asentaron en las áreas pantanosas de la región conocida hoy como Acadia, y se dedicaron al cultivo de la tierra y a la pesca. La palabra *cajun* es una contracción de **acadienne** o **acadian**, que se cree es una mala pronunciación original de los descendientes de franceses. Hoy día, este vocablo se utiliza también para definir el estilo de cocinar de estas personas. (Se dice: **kéy-yon**).

BO-KOO=BEAUCOUP=ABUNDANT: This French word is part of the daily vocabulary among *Creole* people, particularly when referring to food: "**Would you like a *repass*? We have *bo-koo* for all**".

BRUNCH=BREAKFAST AND LUNCH: The combination of these two words makes this word a favorite activity in the city. In New Orleans, this type of meal combines elements of a breakfast such as coffee, *grits*, and juices, with the elements of a lunch or even a dinner, such as *gumbo*, *boudin*, and wines. Desserts include *bread pudding* and champagne. **"Let's do brunch"** is a popular phrase used to describe the Sunday meal after the religious services.

CAT-LIK=CATHOLIC: People in New Orleans are religious, and a great percentage of them are Catholics. Many of the Catholic traditions are embedded in the culture and beliefs of the city. One example: to pray a novena to St. Jude Thaddeus, patron of the impossible, to find a job; the tradition is very popular among Catholics and non-Catholics in this city.

CAJUN= ACADIAN: People of French origins that lived in Nova Scotia, Canada, and who, forced by prosecution from the English, migrated, among other places, to Louisiana, where they were accepted by the Spanish without problems. In Louisiana, they settled in the swampy areas known today as Acadiana; they cultivated the land and became fishers. The word **Cajun** is a contraction of **Acadienne** or **Acadian**, believed to be an original mispronunciation by the French descendants. Today, this word is also used to define a particular cooking style used by the same people.

CAMEL BACK HOUSE=CASA ESPALDA DE CAMELLO: Estilo de casas que por el frente parecen tener un solo piso, y a las que se les ha agregado un segundo piso en la parte de atrás, lo que le da la imagen de tener "una joroba" como la de los camellos. Populares en el área de uptown.   (Se dice: **cámel bác**).

CHER=DARLING=CARIÑO: Palabra francesa que usan tanto hombres como mujeres para referirse a cualquier persona con la que están relacionándose aunque sea por breves momentos. Así, una vendedora le puede dar las gracias por su compra en ésta forma: **Thank you, cher, come back soon** (**Gracias cariño, regresa pronto**)   (Se dice: **shéer**).

COMMUNITY JAM= REUNIÓN COMUNAL: En New Orleans este término se refiere a la reunión informal de gentes que tocan música, comparten historias, y disfrutan de la compañía de unos con otros.   (Se dice: **comiúniti yiám**).

CRABBIN'=CRABBING=TRAPPING CRABS = CANGREJEANDO: Traducción literal. Debido a que desde tiempos de la esclavitud la gente "pescaba" todo tipo de animal para consumir, los cangrejos también fueron ingredientes importantes de la cocina sureña. La gente "cangrejea" o sea, pesca cangrejos en las márgenes del golfo y en aguas tranquilas en el lago durante la primavera. Sin embargo, algunas veces este término se utiliza para referirse al hecho de que alguien "**está molestando o quejándose mucho**" Por ejemplo: "**she's crabbin' 'cause I aint doin' nothin'**_!_ (¡ella se está quejando porque no estoy haciendo nada!) Así mismo, una persona puede ser **crabby**, o **gruñona.** (Se dice: **crábing; crábi**).

CRAWFISH BOIL= HERVIDO DE LANGOSTINOS: Esta es una expresión usada para describir un evento social en el sur de Louisiana. Los hombres se reúnen bajo la sombra de un árbol de roble mientras observan los langostinos que hierven en grandes ollas; los niños juegan y las mujeres intercambian las últimas noticias y chismes. Este tipo de actividad social también se efectúa en muchas escuelas al menos una vez durante la primavera, para recoger fondos y departir socialmente. (Se dice: **crófish boil**).

CAMEL BACK HOUSE= CAMELS' HUMP HOUSE: with a particular construction. On the front, these houses look as if they are one-storied houses; they have an added second floor in the back of the building, giving it the appearance of a "camel's hump". These are popular in the uptown area.

CHER=DARLING=BELOVED: This French word is used as much by men as by women to address any other person with whom they are having even a short conversation. Thus, a sales woman can thank the customer as: **Thank you, cher, come back soon.**

COMMUNITY JAM: In New Orleans, this refers to any informal reunion of people that play music, share stories and enjoy each other's company.

CRABBIN'=CRABBING=TRAPPING CRABS: Literally. Since the days of slavery, black people were forced to fish all types of creatures for food, and crabs were integrated into southern cookery. People "crab" at the edges of the Gulf and in the tranquil waters of the lake during the spring. However, sometimes, this term is used to refer to a person who is "**bothering or complaining too much**". As in: "**She's crabbin' 'cause I ain't doin' nothin'!**" A **grouchy** person can be said to be *"crabby"*.

CRAWFISH BOIL: In the South of Louisiana, this expression is used to describe a social event. Men get together under the shade of the oak trees while looking at a big pot of boiling crawfish; meanwhile, children play and the women exchange the last news and gossips. In today's society, this type of gathering is also convened at least once a year in many schools, as a way to collect funds and socialize.

CREOLE=CRIOLLO: Esta palabra ha evolucionado considerablemente desde sus orígenes, por lo que se hace difícil definirla. Al parecer, a principios del siglo XVIII **creole** se usaba exclusivamente para denominar a los esclavos negros nacidos en Louisiana, de padres africanos. Ya antes del siglo XIX, debido a los movimientos independentistas de los europeos en América Latina, y de quienes los españoles aseguraban no estar preparados para autogobernarse, los españoles llamaron **criollo** a cualquier hijo de español nacido en tierras del nuevo continente americano, sin sangre indígena ni negra. La palabra **creole** entonces elimina a los de origen africano. Posteriormente, el vocablo evolucionó para definir a cualquier persona con al menos un padre de origen español, pero nacido en América. En general, se dice que los **criollos** de Louisiana son gentes cuyos padres son de origen francés y africano. Hoy día se usa **creole** para definir una cultura, que incluye lenguaje y cocina, y que no puede enmarcarse en términos raciales, pero que incluye elementos del Caribe, europeos y africanos. (Se dice: **críol**).

Nota: los llamados **criollos** en América Latina no tienen sangre africana, pero si europea, preferiblemente española; o sea, los hijos de españoles nacidos en América. Aquellos que tienen sangre africana e indígena se llaman **zambos**; los de sangre europea y africana, se llaman **mulatos,** y los de sangre europea e indígena, se llaman **mestizos**.

DA=THE=EL, LA: Artículo que cuando es correctamente pronunciado en inglés equivale a "**the**", pero que con la pronunciación local suena diferente, por ejemplo: "**open da door, maam!**" ("¡abra la puerta, señora!"), o también: "**da mail is here!**" ("¡llegó el correo!"). (Se dice: **dá**).

"DA 'AINTS"= "LOS QUE NO SON": Término despectivo para referirse a los jugadores del equipo de fútbol americano *Los Santos* cuando pierden el partido. (Se dice: **dá éints**).

DA SAINTS= THE SAINTS= LOS SANTOS: Equipo de fútbol americano de la ciudad. (Se dice: **dá séints**).

CREOLE: This word has taken on so many different meanings since its origins, making a clear definition difficult. It seems that at the beginning of the 18th century, **creole** was used exclusively in reference to black slaves born of African parents in Louisiana. Before the 19th century, due to the independent movements of those Europeans living in Latin America, whom the Spaniards did not believe to be ready to govern themselves, the term **criollo** was used to refer to a child born of Spanish parents in the New World; these children did not have black or Amerindian blood. Therefore, no African origins were intended by the word **creole**. Further evolution of the word **creole** is used to denote any person of at least one Spanish ancestor, but born in the American continent. In general, it is said that the **creoles** of Louisiana are people whose parents were originally from France and Africa. Today, the word **creole** is used to define a culture, including a special way of talking and cooking, but cannot longer be defined solely in terms of race, and includes elements from the Caribbean as well as from France and Africa.

Note: In Latin America a **criollo** is a person who does not have African blood, only European, preferably Spanish; in other words, the children of Spaniards born in America. Those with African and Amerindian blood were called **zambos**; those of European and African blood were called **mulatos;** and those with European and Amerindian blood were called **mestizos**.

DA=THE: When pronounced correctly, this article means "THE"; but, with the local pronunciation it sounds different, as in: "**open da door, maam**!", or "**da mail is here!**"

"DA 'AINTS"= "THOSE THAT ARE NOT": A derisive term used to refer to the *Saints'* players when they loose a game.

DA SAINTS= THE SAINTS: The football team of the City.

DEM=THEM=THEY=ESOS, ELLOS: Este pronombre demostrativo o personal puede usarse de mil maneras en la cultura de esta ciudad. Puede substituir a **ellos, esos, aquellos, estos, los cuales**, y muchos más. Es la forma plural de cualquier pronombre que se refiere a "**otros**". Así, se escucha: **dem boys** (esos muchachos); **dem ladies** (esas señoras); **dem Saints** (los Santos); **dem who was going** (los cuales iban). Es posible que por la falta de educación escolar de los esclavos, africanos cuyas lenguas nativas eran diferentes del inglés o del francés, aprendieran "al oído" a comunicarse con sus dueños en esos idiomas. Hay una tendencia moderna a llamarle **EBONICS** a esta manera de hablar, posiblemente derivado del Ebony, árbol de madera negra. (*Diospyros ebenum*).
(Se dice: **dém; ebónics**).

DAWLIN'=DARLING= CARIÑO: Una costumbre de los sureños, muy arraigada especialmente en New Orleans, es referirse a los seres queridos o a completos desconocidos con esta palabra. Por ejemplo en "**Can I help ya' dawlin**"? (¿Te puedo ayudar cariño?).
(Se dice: **dáa -wlin**).

DIX = TEN= DIEZ: Número diez en francés. Moneda de 10 centavos, que en francés se conoce como **dix**. Era popular en la ciudad cuando el idioma dominante era el francès. (Se dice: **dís**).

DIXIES = "LOS DIECES": Nombre que se le dio a los ciudadanos de New Orleans debido a que usaban la moneda francesa con un valor de 10 unidades (de oro o de plata). Posteriormente, durante la guerra civil, el término se aplicó a las ciudades de los estados del *bajo sur*, o sea, desde Virginia hasta Louisiana. De aquí se deriva la palabra **Dixiland** (tierra de los dixis).
(Se dice: **díxis; díxiland**).

DIXIELAND JAZZ = JAZZ ORIGINAL DE NEW ORLEANS: Este es el tipo de *jazz tradicional* que aún se escucha en los bares locales. (Se dice: **díxiland yáss**).

DEM=THEM= THEY: This personal or demonstrative pronoun can be used in a thousand ways in the cultural context of this city. It can substitute **they, those, these, those who**, and more. This is the plural form used to refer to "**other or another**". Thus, it can be heard: **dem boys; dem ladies; dem Saints; dem (who) was going**. It is possible that the lack of schooling of the African slaves, whose native languages were not English or French, had to learn the new language "buy ear" to communicate with the slave owners. There is a modern tendency to call this manner of communication **EBONICS**, possibly derived from the black-wooded <u>Ebony</u> tree. (*Diospyros ebenum*).

DAWLIN'=DARLING: A rooted expression among Southerners when referring to loved ones and to complete strangers, as in "**Can I help ya'dawlin?**"

DIX=TEN: From the French language. This is a coin with a value of ten cents. It was popular in the city when French was the spoken language.

DIXIES= "TENS": This is the name given to New Orleans citizens because they used French coins with a value of 10 units (gold or silver). During the Civil War, the term was applied to all the states of the *Deep South*, from Virginia to Louisiana. Hence the term "**Dixiland**" or "**land of the Dixies**"

DIXIELAND JAZZ=ORIGINAL JAZZ OF NEW ORLEANS: This is the *traditional jazz* of the city and still can be heard in local bars.

"DO LUNCH"= IR A ALMORZAR En inglés correcto es " **to have lunch**". Sin embargo, los locales prefieren usar la expresión "**let's do lunch**" al referirse a la acción de reunirse por placer o por negocios a la hora de almorzar; como en: "**let's do lunch and solve this matter**" ("almorcemos juntos y resolvamos este asunto"). (Se dice: **let's du lónch; du lónch**).

DUPLEX= DOUBLE HOUSES = CASAS DOBLES: Término que se refiere a **casas divididas**, que por fuera parecen tener un frente amplio, pero por dentro las separa una pared. Algunas aparentan ser una casa de dos plantas, y otras se confunden con las llamadas *shotgun*. La idea es que dos casas pueden utilizar un mismo lote, dando así oportunidad a que dos familias las habiten. Son populares en las áreas antiguas de New Orleans. (Se dice: **dúplex**).

EARL=OIL=ACEITE: Por extraño que suene, así es como mucha gente de New Orleans pronuncia esta palabra. (Se dice: **érrl**).

FAIS-DO-DO=CAJUN DANCING=BAILE CAJUN: Muy similar al viejo estilo de vals (waltz) europeo. Aún lo bailan las gentes *Cajun*, y tiene origen religioso, cuando en Europa se celebraba el "**fête de Dieu**" o **festival de Dios** (**Corpus Christi**) en el mes de junio. (Se dice: **fei-do-dó**).

FANS=FANÁTICOS=AFICIONADOS=ADMIRADORES: Aunque no es una palabra estrictamente original de ésta ciudad, se escucha mucho en la radio y la televisión al referirse a los fanáticos de los equipos, a los músicos y a los artistas favoritos. Como en **Dem Da Saints fans, maan.** (Esos fanáticos de Los Santos, hombre.) (Se dice: **fáns**).

FAUBOURG=SUBURBIO=BARRIADA: Este es un término de origen francés, que significa **suburbio**. Uno de los más conocidos en la ciudad es el *Faubourg Marigny*, al fondo del *French Quarter*. Este barrio fue parte de las plantaciones de la familia de **Bernard Marigny de Mandeville**, criollo de origen francés, quien vendió parte de las propiedades para pagar sus deudas de juegos de azar (**gambling**). (Se dice: **fobó**).

"DO LUNCH"=TO HAVE LUNCH: This is the way locals refer to a time to get together for pleasure or business at lunch time; as in "**Let's do lunch and solve this business**".

DUPLEX=DOUBLE HOUSES: A term that refers to the **divided houses** that on the outside look as a wide house, but inside it is separated into two homes by a wall. Some look like a two story house, and others are similar to the so called *shotgun* houses. The idea is to use the same lot to build two houses. These are popular in the old neighborhoods of New Orleans.

EARL= OIL: As strange as it sounds, this is the way people in New Orleans pronounce this word.

FAIS-DO-DO=CAJUN DANCING: This is a dance style very similar to the old European waltz. It is still the dance style of *Cajun* people. It has its origins in religious traditions, when the "**Fête-de-Dieu**", or **festival of God** was celebrated to commemorate **Corpus Christi**, during the month of June.

FANS=FANATICS=ADMIRERS: This is not a word strictly from this city; however, it can be heard often on the radio and television when referring to admirers of sport teams, musicians, and favorite artists. As in "**Dem Da Saints fans, maan!**"

FAUBOURG= SUBURB=NEIGHBORHOOD: A French Word that translates as a **suburb**. One of the best known in the city is *Faubourg Marigny,* at the end of the *French Quarter*. This neighborhood was part of the plantation owned by, **Bernard Marigny de Mandeville,** a French *Creole* who sold parts of his properties to be able to pay his gambling debts.

FLEUR-DE-LIS= LILY FLOWER =FLOR DE LIRIO: (*Iris sp.*). Esta flor de tres pétalos visibles, es el símbolo de realeza europea. Se integró a la bandera oficial de la ciudad en el año 1918. También en 1970, el equipo de fútbol americano *Los Santos* lo tomó como su insignia. (Se dice: **fler-de-lí**).

GARÇONIÈRE=BOYS' QUARTERS =PISO DE LOS MUCHACHOS: Garçon es el vocablo francés para **muchacho**. En las casas de los franceses que poblaron New Orleans, los hijos de la familia dormían en áreas separadas de las de las niñas. Los hijos además tenían más privilegios y libertades, por lo que se les asignaban las habitaciones en los pisos superiores, a veces con entrada separada, teniendo así cierta privacidad. (Se dice: **garsonié**).

GATOR=ALLIGATOR=LAGARTO:(*Alligátor mississippiensi*). (Familia Alligatoridae). Este reptil abunda en las márgenes del *río Mississippi*, en los *bayous* y canales del estado, y en general, en los *pantanos*. Aunque son parientes, son diferentse de los cocodrilos (Familia Crocodylidae). Hay una especie de lagartos blancos (no albinos) nativa de estas riberas, que se creía extinta. Hoy se ha vuelto a aumentar su número, principalmente gracias a los esfuerzos de conservación del *parque zoológico Audubon*. (Se dice: **aliguéitor; guéitor**).

GIT OUTA O'ERE! =GET OUT OF HERE!= ¡VETE O ANDATE DE AQUI!: literalmente. En esta ciudad significa: **"no te creo"**, o **"de verdad?"** Se escucha en conversaciones entre amigos y conocidos para expresar sorpresa o incredulidad por lo que la otra persona está diciendo. (Se dice: **guit-áut-o-jíer**).

GRIS-GRIS=AMULETO=TALISMÁN: Lo usan los practicantes del *VooDoo* para la buena suerte o contra las conjuras de los enemigos. Se supone que esta palabra es de origen africano. (Se dice: **grí-grí**).

FLEUR-DE-LIS=LILY FLOWER: (*Iris sp.*). A flower with three visible petals and which is a symbol of European royalty. It became part of the city's current official flag in 1918. The symbol was adopted as the *Saints'* team logo in 1970.

GARÇONIÈRE= BOYS' QUARTERS: Garçon is the French word for a **young man**. In the homes of the French people that lived in New Orleans, the young sons of the family slept in separate quarters from those of the girls. Moreover, sons had more privileges and freedom, and as such their quarters were located in the upper floors, and often with separate entrance, which provided certain privacy to them.

GATOR=ALLIGATOR: (*Alligator mississippiensis*) (Family Alligatoridae) This reptile is abundant in the Mississippi River, in the *bayous*, and in many water channels throughout the State, and in generally in all swamps. Alligators are different from crocodiles, but they are related. There is a particular species of <u>white non-albino alligator</u> that is native to these waters, and for a time was thought to be extinct. But, today there are growing numbers of these gators, thanks in part to the efforts of the *Audubon Zoo*.

GIT OUTA O'ERE! = GET OUT OF HERE!: The meaning of this phrase is **"I don't believe you"** or **"is that right?"** It can be heard in conversations between friends to express surprise or mistrust for what the speaker is saying.

GRIS-GRIS=AMULET: This is used by *Voo Doo* practitioners, for good luck or to protect the wearer from his enemies. It is believed that this word is African in its origins.

HUCKLE BUCK= FROZEN CUPS= AGUA CON SABOR, CONGELADA: Generalmente un refresco hecho en casa con agua y Kool-Aid que se ponía en el congelador en envases de papel, durante los días de verano. Esta costumbre se ha perdido, pues ha sido reemplazada por otros productos comerciales.
(Se dice: **jókl-bok**).

I HEAR YOU= I UNDERSTAND YOU =TE ENTIENDO: Es una muletilla que se usa en conversaciones para afirmarle al que habla que quien escucha está entendiendo, aunque la conversasión no sea muy explícita. En algunas situaciones se usa incluso hasta para indicar que "**se comprende más allá de las palabras**".
(Se dice: **ay jíar-iú**).

JAZZ FUNERAL=FUNERAL CON MÚSICA JAZZ: Es una tradición de gente negra. La idea es enviar al muerto de regreso a su Creador en una forma alegre. Hoy día se usa este estilo en particular para enterrar a los músicos del área. La banda toca primero música triste, durante la ceremonia religiosa, para despedirse del espíritu; durante el entierro, toca himnos conocidos para despedirse del cuerpo; luego, cuando el cortejo fúnebre regresa del cementerio, cambia a otro estilo más alegre y popular. Es entonces cuando los bailarines de la segunda fila (*second line dancers*), quienes generalmente llevan sus sombrillas, bailan detrás de la banda, (la primera línea) al compás de la música.   (Se dice: **yáss fiúneral**).

LA BANQUETTE=SMALL BENCH=LA BANQUETA = LA ACERA Del francés para banca o escaño bajo. Cuando se fundó la ciudad, se hizo necesario tener este tipo de **tarima** para caminar sobre el lodo de las calles. Estaba construida de madera, y con cierta altura. Posteriormente, evolucionó en la acera pavimentada a ambos lados de la calle, para facilidad de los transeúntes.
(Se dice: **la bankét**).

HUCKLE BUCK=FROZEN CUPS: This name generally referred to a type of home-made refreshment made with Kool-Aid. It was poured into paper cups and frozen during the hot summer days. The practice is lost, mainly because of the existence of similar commercial products.

I HEAR YOU=I UNDERSTAND YOU: This is a phrase used in conversations to indicate to the speaker that the listener understands what is said even as the conversation may not be so clear. In some situations, this phrase is used as a way to indicate **"I understand beyond the meaning of your words"**.

JAZZ FUNERAL: This is strictly a black people's tradition. The idea is to send the dead person back to his Creator in a happy way. Nowadays, this style is used particularly to bury local jazz musicians. During the religious ceremony, the band plays sad music to send away the spirit; during the internment, the band plays sad hymns to send away the body. After the ceremony, the funeral procession marches away from the cemetery, and the band begins to play happy tunes. The *second line dancers*, carrying their umbrellas, begin to march, dancing to the happy tunes, behind the band (the first line).

LA BANQUETTE= SMALL BENCH (LITERALLY) =SIDEWALK: A French word used in New Orleans in reference to the **sidewalk**. When the city was founded, it became necessary to build this type of "small bench or platform" to walk on the sides of the muddy streets. It was built with wood, and it had certain height. Later on, this "small bench" evolved into the paved sidewalk, to make it easier for walking.

LAGNIAPPE= ALGO EXTRA= REGALO= LA ÑAPA: Del idioma francés. Este vocablo se usa mucho en la cultura popular para indicar cualquier cosa que se añade a lo que se compra. Por ejemplo, cuando en las panaderías regalan una galleta al comprar el pan. Esta costumbre se observó también en algunos países de la América Latina, donde se le conocía también como **la feria** o **la ñapa** al pan o galleta extra que regalaba el panadero al comprador de cierta cantidad del producto. En Louisiana se usa además como expresión de **algo extra** en otros sentidos, como en: **She paid for it with money and a lagniappe** (Ella pagó con dinero y con algo extra). En New Orleans, *Lagniappe* es también el nombre de un periódico local que se distribuye en forma gratuita, donde se informa sobre las celebraciones y otros eventos culturales de la semana. (Se dice: **láñiap**).

'MAAM=MADAME=SEÑORA: Es común escuchar a los ciudadanos de New Orleans referirse con este título, tanto a mujeres maduras como a jóvenes. Es también popular entre la población sureña. (Se dice: **máa-am**).

MAAN!=MAN!=¡HOMBRE!: En el sur es frecuente oír esta palabra para referirse a cualquier persona, sin importar la edad o el sexo, sobre todo en conversaciones entre amigos. (Se dice: **máan**).

"MAKE GROCERIES" = "DO GROCERIES"=HACER COMPRAS EN EL MERCADO: En inglés correcto sería "**to go grocery shopping**" para referirse a la acción de ir de compras al mercado. En New Orleans se usa entre los locales.
(Se dice: **méik gróseries**).

MISTHA=MISTER=SEÑOR: De nuevo, la pronunciación es más popular entre los ciudadanos negros y algunos blancos sureños. (Se dice: **míschsta**).

MYNEZ ("MAYNEZ")=MAYONNAISE= MAYONESA: Manera de pronunciar esta palabra, de acuerdo al idioma popular de los locales, especialmente la gente negra. **"Native Blue Plate Mynez in my po'boy, please!"** (Mayonesa nativa Blue Plate en mi po'boy, por favor). (Se dice: **méy-ness**).

LAGNIAPPE=SOMETHING EXTRA: From the French. This word is used in popular jargon to indicate anything that is added to the already established, as when in a bakery the buyer gets an extra cookie with the purchase of certain amount of bread (also know as baker's dozen). This was also observed in some countries in Latin America, where people knew it as a "gift" of an extra loaf of bread or a cookie after buying so much of the product. In Louisiana, this expression is also used as something extra with other connotations, such as in: **She paid for it with money and a lagniappe**. In New Orleans, *Lagniappe* is also the name of a free local newspaper where every week's cultural happenings are printed.

'MAAM= MADAME: It is very common to hear this noun in New Orleans, whether referring to a mature or to a young woman. It is popular among Southerners as well.

MAAN!=MAN! It is frequent to hear this word among friends in the South; it may refer to a male or a female person.

"MAKE GROCERIES"= "DO GROCERIES"=TO GO GROCERY SHOPPING: the action of going to the market to buy food. In New Orleans, this is used by all locals.

MISTHA=MISTER: This pronunciation is more popular among black and some white Southern citizens.

MYNEZ ("MAYNEZ") =MAYONNAISE: This is how this dressing is pronounced by the locals, particularly the African-Americans. **"Native Blue Plate Mynez in my po'boy, please!"**.

NEUTRAL GROUND = TERRENO NEUTRO: Este es el nombre que se le da al terreno cubierto de pasto que existe entre algunas avenidas, para separar ciertas vías dobles. Ejemplos de estos terrenos neutros se ven en *Canal St.*, *Esplanade Ave.*, Elysian Fields, Claiborne Ave., Audubon Blvd., Versailles Blvd., Broadway St., y *St. Charles Ave.* Los rieles por donde circula el *tranvía* están sobre este *terreno neutro* en la ruta de *Carrollton, St. Charles Ave.* y parte de la ruta en *Canal St.* La leyenda popular dice que durante la época colonial estos terrenos neutros se usaban para separar pacíficamente a los franceses de los españoles, a ambos grupos de los ingleses, y a todo aquel que no compartiera las mismas ideas políticas. En estos *terrenos neutros* se compartían negocios, se compraban y vendían cosas, y hasta se arreglaban discordias familiares.
(Se dice: **nútral gráund**).

PICAYUNE= MEDIO REAL ESPAÑOL: Cuando los españoles gobernaban la ciudad de New Orleans, la moneda era el Real. El Picayune equivalía a 6 y ¼ centavos de Real. Posteriormente la moneda de 5 centavos de dólar americano se llamó Picayune. "Picayune" es el nombre de una ciudad en Mississippi, así como el nombre de un periódico local (Times Picayune). En ocasiones, se escucha a gente de edad adulta referirse a algo de **poca importancia** como **un** *picayune*. (Se dice: **pícayún**).

REPASS= SMALL MEAL=SNACK=REFRIGERIO: Palabra francesa utilizada para referirse a una comida pequeña servida durante una reunión social, y frecuentemente después de un funeral. La palabra la utilizan mucho las gentes de New Orleans de origen *creole*. Como en: **There will be a repass after the funeral** (Después del entierro habrá un refrigerio. (Se dice: **re-pá**).

NEUTRAL GROUND: This is the name given to the grass strip that divides some avenues or streets. Some of these can be seen on *Canal St.*, *Esplanade Ave.*, Elysian Fields, Claiborne Ave., Audubon Blvd, Versailles Blvd., and *St. Charles Ave*, among others. The railings for the *streetcar* run over the neutral ground on *St. Charles Ave.*, as well as on parts of the *Canal St.* lines. Popular lore says that during colonial times these neutral grounds were used to peacefully separate the French from the Spanish, and these groups from the English, and to all those whose political ideas were not the same as those of other people. It was on the *neutral ground* that business, such as the buying and selling of goods, was carried out, and even the place where family disputes could be resolved.

PICAYUNE: ONE HALF SPANISH REAL: When the Spanish governed this City, the coin was called Real and a Picayune was worth 6 and ¼ cents of a Real. Later, the 5 cents coin of the American dollar was named a Picayune. "Picayune" is also the name of a small city in Mississippi, as well as the name of a local newspaper (Times Picayune). Occasionally, adult people can be heard using the word *picayune* in reference to **something very unimportant, to something trivial.**

REPASS=SMALL MEAL=SNACK: A French word referring to a small meal served at a social reunion, and often after a funeral. The word is often used by the *Creole* people of New Orleans. As in: **There will be a repass after the funeral.**

SECOND LINE (DANCERS) = (BAILARINES DE LA) SEGUNDA LÍNEA: Frase que se usa para referirse a los bailarines que van detrás de la carroza fúnebre en un entierro con *música de jazz*. También estos bailarines van detrás de la línea principal de músicos en cualquier desfile. Además, existen algunos grupos de organizaciones sociales de gente negra que se dedican a bailes con *música de jazz* local, y se llaman *second line dancers*. Se pueden ver estos grupos en los *festivales de jazz* y en muchas otras ocasiones, desfilando y bailando por las calles de New Orleans. (Se dice: **sécond-láin dánsers**).

SOIRÉE=EVENING PARTY= FIESTA POR LA TARDE: Término traducido del francés. En New Orleans se refiere a una fiesta o reunión que se celebra en las últimas horas de la tarde, o las primeras de la noche, durante el crepúsculo. (Se dice: **suaré**).

SHOTGUN HOUSE = CASA BALAZO = CASA CHIRRIÓN= CASA SILVIDO: Estas casas son largas y angostas, y tienen todos sus salones o cuartos en forma continua, desde la puerta de la calle, hasta la puerta de la cocina. **Shotgun** significa **balazo**. La idea es que en estas casas se puede disparar un balazo desde la puerta de la calle, atravesando la longitud de la casa, pasando por la puerta de la cocina, hasta llegar al patio sin ninguna barrera física. Este tipo de casa se inventó y aun existe en la ciudad de New Orleans, sobre todo en el area de *uptown* y *Mid City*. (Se dice: **shót gun jáuse**).

SPANISH MOSS = MUSGO ESPAÑOL = BARBAS DE VIEJO: (*Tillandsia usneoides*). Esta planta es epífita, o sea, que vive encima de otra, pero no es parásita. No es musgo ni es de origen español, pero así se le dice en New Orleans, posiblemente para referirse despectivamente a las barbas de los primeros españoles que arribaron en New Orleans. Muy importante para los primeros pobladores, porque con esta planta seca rellenaban los colchones para dormir. La cantidad de esta planta sobre los troncos y ramas de los árboles de la ciudad es un indicativo del nivel de contaminación ambiental; entre más contaminación, menos plantas vemos colgando de los árboles. Por ello quizás es que ya sólo vemos árboles con "barbas de viejo" en áreas bastante limitadas, como el *Audubon Park* y ocasionalmente en el *City Park*. (Se dice: **spánish mos**)

SECOND LINE (DANCERS): These dancers march behind the jazz funeral carriage, and of late, behind any main line of musicians. Moreover, there are *second line dancers'* social organizations of black people. They can be seen at *jazz festivals*, and on many other occasions, parading and dancing to the tunes of local jazz on the streets on New Orleans.

SOIRÉE=EVENING PARTY: In New Orleans, this refers to a party or reunion that takes place in the late hours of the afternoon or the early hours of the evening, at dusk.

SHOTGUN HOUSE: These "chain" houses, long and narrow, have all their rooms located on the same side in a straight pattern, from the front door to the back door. A **shotgun** can easily go from the front of the house to the back of it without a physical barrier. This type of house was invented and is still very popular in New Orleans, particularly in *uptown* and in *Mid City*.

SPANISH MOSS: (*Tillandsia usneoides*). Epiphyte plant, meaning that it lives over another plant, not as a parasite. It is neither a moss, nor is it Spanish, but that's how it is called in New Orleans, probably as a contemptuous reminder of the first long bearded Spanish that arrived in New Orleans. This moss was very important for the first settlers who used the dry plants as bed fillers. The amounts of these plants throughout the city indicate the level of environmental pollution; the higher the pollutants levels, the less Spanish moss plants are hanging from the trees. This is possibly why today we only see Spanish moss in limited areas such as the *Audubon Park* and occasionally in the *City Park*.

STREET CAR = TRANVÍA: Uno de los métodos de transporte público más antiguo de la ciudad de New Orleans, pues ha estado en uso por más de 200 años. Inicialmente, (1860) los carruajes eran tirados por mulas a lo largo de *Canal St*. Desde 1890, ya había un sistema eléctrico que circulaba por esta amplia calle. Desde 1910, existían otras líneas que conectaban *Canal St*. con otros suburbios. En 1964 el tranvía fue removido de *Canal St*. Sin embargo, después de casi cuarenta años, en abril del 2004 se reinstaló el tranvía en *Canal St*., y en la actualidad recorre hasta los *cementerios* y hasta el *Museo de Arte* en el *City Park*, conectando así el *CBD* con *Mid City*. La línea de tranvía que circula sobre *St.Charles Ave*. y *Carrollton Ave*., es la más antigua en operar en el país, por lo que los preservacionistas se preocuparon por añadir esta Línea al Registro Nacional en 1971, con lo cual está protegida por ley, o sea, no se puede eliminar su circulación, ni tampoco cambiar los coches. Los coches de la línea de *St. Charles-Carrollton* son tradicionalmente de color verde oscuro. Es importante mencionar que algunas partes de los coches del tranvía son construidas a mano por artesanos locales; el trabajo incluye la confección de la maquinaria que se necesita para fabricar piezas especiales. Todo el trabajo se hace en el taller localizado en Willow St. (Se dice: **strít-car**).

SWAMP=PANTANO: El estado de Louisiana está rodeado de pantanos donde abundan los *lagartos*, crecen los *crawfish*, y la gente vive en botes. Un pantano es un lugar donde hay tierra lodosa, mucha agua y abundante vegetación. Hay gran cantidad de animales y pululan los mosquitos. Algunos *pantanos* son navegables, mientras que otros son de arenas movedizas, que atrapan gente y animales hasta ahogarlos. (Se dice: **suámp**).

TAILGATE PARTY= FIESTA O CELEBRACIÓN ANTES Y DESPUÉS DE UN ENCUENTRO DEPORTIVO. Estas fiestas se realizan en los alrededores de los estadios donde se lleva a cabo el juego, generalmente de fútbol americano; sin embargo, este término se usa actualmente para referirse a cualquier fiesta que organizan los fanáticos antes y después de los partidos, sin importar el sitio donde se hace la fiesta. (Se dice: **tail-guéit pary**).

STREET CAR: This is perhaps one of the oldest means of transportation in New Orleans, in use for more than 200 years. In 1860, the carriages were pulled by mules along *Canal St.* There was an electric system circulating this same street since 1890. There were other lines that connected *Canal St.* to other suburbs since 1910. In 1964, the street car was removed from *Canal Street.* However, after 40 years, the street car services along *Canal St.* down to the *Cemeteries* and the *Art Museum* in the *City Park* were reopened in April 2004. With these lines, the *CBD* and *Mid City* are connected. The streetcar line that circulates *on St. Charles Ave.* and *Carrollton Ave.* is the oldest one operating in the country, and preservationists added it to the National Registry in 1971. By law, this streetcar line is protected and cannot be eliminated from circulation nor can the cars be changed. The cars of this line are traditionally of dark green color. It is important to mention here that many parts of the cars are built by hand by local artisans; the work includes the making of machinery needed to make special pieces. All the works are done at the barn located on Willow St.

SWAMP: Louisiana is surrounded by swamps where there is an abundance of *alligators, crawfish*, and people who live in boat-houses. A swamp is a place where there are muddy waters and abundant vegetation, a diversity of animal life and an abundance of mosquitoes. Some swamps are navigable, while others are moving sands that trap people and animals.

TAILGATE PARTY: A before and after a football game party organized in the vicinities of the stadium. However, today the term is used for any type of party organized by the fans before and after a game, regardless of the location of such party.

TUG-BOAT=TOW BOAT=BARCO QUE JALA O EMPUJA: Este barco es muy importante en el transporte de carga sobre el *río Mississippi*. La función de estos barcos es jalar barcos grandes así como también barcazas planas (*barge*) que contienen carga y van hacia o desde las bodegas de almacenaje. Según dicen los expertos, la navegación por el *río Mississippi* es bastante difícil para aquellos que no conocen sus corrientes. De ahí la necesidad de que gente local con experiencia en navegación fluvial use estos otros barcos más pequeños para conducir a los más grandes, acostumbrados a navegar en mar abierto.   (Se dice: **tó- bóut**).

THE RED LINE=THE RED LADIES = TRANVÍA ROJO: Circulaba en las vecindades del centro y cercanas al *río Mississippi*. Esta línea, llamada Riverfront, empezó a funcionar en 1988, para promover el comercio en el área del *Riverfront* y posteriormente en el área del *Centro de Convenciones*. El color rojo de sus coches fue en otros años el color de aquellos de la ya extinta línea del *French Market*, que estaban pintados de rojo y amarillo. También se ha dicho que este color era el favorito del entonces alcalde de la ciudad, **Mr. Sidney Barthelemy**. (Se dice: **de red lain, de red leidis**).

Nota: después del huracán Katrina, los coches que se usan de manera temporal son los de la línea de *St. Charles-Carrollton*, de color verde, ya que los rojos se dañaron por la inundación. Hay un proyecto de usar coches modernos, diferentes de los tradicionales, y de color azul.

VOO-DOO= VOODOO=VUDU: Este es un ritual africano, importado a las Américas por los esclavos. En New Orleans, como en los países caribeños y sur americanos donde hay población de origen africano, este culto se ha mezclado con las religiones cristianas. (Se dice: **vú-du**).

VOO-DOO QUEEN=REINA DEL VUDU: Se dice que en New Orleans la sacerdotisa principal de este ritual se llamó **Marie Lavau**, a quien aún hoy en día se le atribuyen muchos "milagros" y "favores". (Se dice: **vú-du cuín**).

TUG-BOAT=TOW BOAT: This is a boat that pulls or pushes other ships. A very important boat for transportation of cargo in the *Mississippi River*. This type of boat pulls or pushes big ships as well as *barges* filled with cargo to or from the warehouses. It seems that navigation in the *Mississippi River* is difficult for those who are not familiar with its currents. Therefore, there is the need to use the local small boats to guide the big ships, which are used to navigating the open seas.

THE RED LINE=THE RED LADIES=RED LINE STREETCAR that circulates in the vicinities of downtown and the *Mississippi River*. This line, called Riverfront, started circulating in 1988, to promote business in the Riverfront and later in the *Convention Center*. The red color of the cars was that of the *French Quarter* line, already extinct, and whose cars were painted in red and yellow. It has also been said that the red color of this new line cars was the favorite of the then city mayor, **Mr. Sidney Barthelemy**.

Note: after hurricane Katrina, the cars in temporary use are those of the *S. Charles-Carrollton* line, of green color, since the red ones got damaged during the flood. There is a project to use modern, non-traditional cars, of blue color.

VOO-DOO= VOODOO=VUDU: An African ritual imported to the Americas by the slaves. In New Orleans, as in many Caribbean and South American countries, where there are large populations of African origins, this cult is mixed with the Christian religions.

VOO-DOO QUEEN: It is said that in New Orleans the main prophetess was **Marie Lavau**, to whom even today many "miracles" and favors are attributed.

"WHERE Y'AT?" = **HOW ARE YOU?** = **¿CÓMO ESTÁS?:** Esta frase es complicada porque pregunta algo totalmente diferente a su significado. La respuesta correcta a esta pregunta es: **A'WRITE**, que significa: "estoy bien". Es también el nombre de una revista cultural gratuita. (Se dice: **juér-yiát**).

    <u>Nota:</u> No debe confundirse con la frase que en inglés correcto tiene un sonido similar *(***where are you**?") y significa "¿dónde estas?". (Ver abajo)

WHERE YO' AT?= **WHERE ARE YOU?**= **¿DÓNDE ESTÁS?:** Aunque la frase no está en inglés correcto, ésta manera de preguntar es bastante típica entre la gente afroamericana del sur. (Se dice: **juér-yó-át?**).

"WHO DAT!?" **WHO IS THAT?**= **¿QUIÉN ES ÉSE?:** Es el nombre general que se da a los aficionados del equipo *Los Santos*. **Da man is a Who Dat!** (El hombre es uno de los aficionados de *Los Santos*). (Se dice: **jú dát!?**).

WHO DAT SAY THEY GONNA BEAT DEM SAINTS? = **WHO IS THAT SAYING THEY WILL BEAT THE SAINTS?** = **¿QUIÉN ES EL QUE DICE QUE LE GANARÁ A LOS SANTOS?** Frase que, en forma de estribillo, repiten los aficionados durante los partidos de fútbol, para alentar a su equipo.
(Se dice: **jú dat séi dey gona bit dém séints!**).

YA'LL=**YO'LL**=**YOU ALL**= **TODOS**: aunque en inglés correcto no existe el pronombre para referirse a un grupo (plural), aquí se usa en las charlas cotidianas. Tanto los ciudadanos blancos como los negros utilizan este "**pronombre plural**", por ejemplo: **Ya'll take care and be good** (Cuídense y pórtense bien).
(Se dice: **yo-ol**; "**yo-ol teik ker and bi gud**")

YEAH, YO'RITE!=**¡TIENES RAZÓN!**: Expresión muy usada entre gente negra, sin importar su nivel de educación o esfera social. Se usa a veces como muletilla en conversaciones donde el que escucha le da la razón al que habla, así como también para afirmar que algo está bien, o simplemente como expresión de **alegría**.
(Se dice: **ya, yú-ráit!**)

"WHERE Y'AT?" = HOW ARE YOU?: This is a complex expression, since it ask a totally different question from its original meaning.The correct answer to this question is A'WRITE, or I'm OK . A local free cultural magazine bears this expression as a proper name.

Note: This expresion should not be confused with a similar sounding one, as explained below.

WHERE YO' AT? = WHERE ARE YOU: the participle "**at**" is not used in correct English at the end of the sentence. But, in the South it is very popular, particularly among black people.

"WHO DAT!?" WHO IS THAT?: The popular name given to all *Saints'* fans. As in: "**Da man is a Who Dat!**" ("The man is a fan of the Saints")

WHO DAT SAY DEY GONNA BEAT DEM SAINTS!? = WHO IS THAT SAYING THEY WILL BEAT THE SAINTS!? : The chanting repeated by the fans during football games, to encourage their team.

YA'LL=YO'LL=YOU ALL: The close translation will be **everybody**, literally. There is no use of pronouns for the plural forms in correct English. However, in this city white and black folks alike make good use of this "**plural pronoun**" for example in: "**ya'll take care and be good**".

YEAH, YO'RITE= YES, YOU ARE RIGHT!: This phrase is widely used among black people, regardless their education or social status. It is often used in conversations where the listener agrees with the speaker, as well as to imply that something is **OK**, or even as an expression of **happiness**.

7
MÚSICA

"La música es buena o mala, y necesita aprenderse.
Tiene que haber un balance"

(Louis Armstrong)

Ningún libro sobre New Orleans estaría completo sin mencionar su música. Aunque la ciudad no es la cuna de todo género musical, sí es el lugar por excelencia para escuchar una gran diversidad de música. La importancia de la música en esta ciudad queda reflejada en el hecho de que la primera ópera que se escuchó en los Estados Unidos fue presentada en New Orleans en 1796, bajo el dominio español; y durante los años de 1800, New Orleans era considerada la "capital de la ópera en Norte América". La ópera se ha presentado casi continuamente en esta ciudad por 200 años. Como prueba de cuán integrada está la música al alma y al cuerpo de estos ciudadanos, tenemos el mundialmente famoso Festival de Jazz: en un solo lugar, por unos cuantos días, se puede escuchar el jazz tradicional, el jazz moderno, la música gospel, el rock, y la música soul, además de una gran variedad de música latinoamericana. Además, todos los días del año se puede oir música en vivo en diferentes establecimientos locales. Aquí se incluyen las definiciones de los géneros musicales más notables en New Orleans.

7

MUSIC

*"Music is either good or bad, and it's got to be learned.
You got to have balance"*
(Louis Armstrong)

Any book about New Orleans will not be complete without mentioning its music. While it is true that this city is not the birthplace of all music genres, this is the best place to listen to a great diversity of music. To be sure, it must be remembered that New Orleans was the first city in the United States that had an opera performance, in 1796, under the Spanish rule; and in the early 1800's, New Orleans was the "Opera Capital of North America". For the past two centuries, opera has been staged almost continuously in this city. Today's world renowned Jazz Festival is a living proof of how ingrained music is into the soul and flesh of our citizens: in one place, for a few days, the listener can enjoy from traditional jazz, to modern jazz, to gospel music, rock, soul and a great variety of musical styles, including Latin American rhythms. Moreover, live music is played every day in different local establishments. Here are the definitions of the most notable music styles in New Orleans.

Jamming inside the New Orleans Museum of Art

BLUES MUSIC= MÚSICA BLUES: Música que nace en Estados Unidos en las comunidades de antiguos esclavos africanos. Es una música triste, repetitiva y tiene variaciones según la región del país donde se entona. El nombre "blues" que significa "azul", se usa como un sinónimo de "**tristeza**" o "**con el espíritu caído**".
(Se dice: blús- miúsic).

CAJUN MUSIC=MÚSICA CAJUN: Este estilo musical tiene sus origenes en las baladas francesas populares entre los acadianos que emigraron a Louisiana. El violín era el instrumento dominante, así como la mandolina, el piano y el banjo. Gradualmente, el accordión se introdujo por influencia de los alemanes que se asentaron en las costas de Louisiana. La música *zydeco* ha tenido influencia en la música *Cajun*, así mismo, ésta en la *zydeco*.
(Se dice: kéi-yon miúsic).

GOSPEL MUSIC=MÚSICA GOSPEL: La lírica de este tipo de música es religiosa, particularmente cristiana metodista. Esta música se origina en las iglesias de afroamericanos durante los primeros años del siglo XX. Hoy se denomina ésta como **black gospel**, para diferenciarla de la música gospel entonada por gente blanca, la llamada **Southern gospel**. (Se dice: góspel- miúsic).

JAZZ MUSIC = MÚSICA JAZZ: Estilo musical nacido en New Orleans, en los primeros años del siglo XX., cuando se le llamaba **JASS.** Es una combinación de música de los países del oeste del continente africano (como Ghana, Nigeria, Senegal, Sierra Leona, y otros) y música europea, latinoamericana, (principalmente cubana y caribeña) y de los Estados Unidos. El auténtico jazz usa improvisaciones, así como varios estilos musicales combinados e integrados. El estilo de música jazz es evolutivo, por lo que hay **jazz tradicional** o **dixiland**, **gypsy**, **bebop**, **avant-garde**, **latin**, **funky**, **smooth**, y **rap**, entre otros. (Se dice: yáss miúsic).

(Fotografía de página 203 muestra una banda cimarrona tocando durante la inauguración del Jardín de las Esculturas, en en City Park)

BLUES MUSIC: This musical style was born in the United States in the communities of former African slaves. This music is somehow sad, repetitive, and it has variations, according to the place where it is played. The name "**blues**" imply **sadness**, down spirits.

CAJUN MUSIC: This style is based in the French ballads, introduced in Louisiana with the migration of Acadians. The violin was the main instrument, along with the mandolin, the piano and the banjo. The accordion was gradually integrated into the band, with the arrival of the Germans to the coasts of Louisiana. *Zydeco* music has influenced *Cajun* music, and *Cajun* music influences *zydeco* as well.

GOSPEL MUSIC: The lyrics of this music are religious, particularly Christian Methodist. This type of music originated in the African American churches during the first years of the 20th Century. Today, this music is called **black gospel**, to differentiate it from the one that white people sing, the **Southern gospel**.

JAZZ MUSIC: This musical style was born in New Orleans during the first years of the 20th Century, when it was called **JASS**. It is a combination of the music from the West African countries (such as Ghana, Nigeria, Senegal, Sierra Leone, and others) and the music from Europe, Latin America, particularly from Cuba and the Caribbean countries, and that of the United States of America. Authentic jazz uses improvisation as well as combinations of other musical styles. Hence, jazz is constantly evolving. Today there are several types of jazz: **traditional** or **Dixieland**; **gypsy**; **bebop**; **avant-garde**; **Latin**; **funky**; "**smooth**" and **rap**, among others.

RHYTHM & BLUES MUSIC=R&B=MUSICA RITMO Y BLUES: Estilo musical que combina tres generos: *jazz, gospel* y *blues*. Ya desde 1940 se llamaba **"black music"** (música negra) y tambien **"race music"** (música de raza) por sus primeros intérpretes, afroamericanos de New Orleans. En 1947 un empresario visionario, **Jerry Wexler**, nativo de New York, le cambia el nombre a **Rhythm & Blues** para facilitar su mercadeo. Este estilo musical contribuyó grandemente al desarrollo del **Rock 'n' Roll**, que también tiene sus raíces en New Orleans, Chicago, Texas y California, durante los primeros años de 1950.   (Se dice: **rizm-an-blus miúsic**).

SOUL MUSIC=MÚSICA SOUL: La unión de dos tipos de música: la sagrada o eclesiástica, y la secular o popular, según la inventó **Ray Charles**. (Se dice: **sóul miúsic**).

ZYDECO MUSIC = MÚSICA ZYDECO: Este estilo musical que practican la gente *creole* negra de Acadiana. El instrumento principal de esta música es el acordión, acompañado de tablas de lavar ropa (**washing boards**) que se raspan con una uña metálica. La palabra "**zydeco**" se cree derivada de la palabra francesa "**harricots**" (vainicas), populares en la comida *cajun*.
(Se dice: **tsáideco miúsic**).

RHYTHM & BLUES MUSIC=R&B: This musical style combines three other genres: *jazz*, *gospel*, and *blues*. The first African American musicians from New Orleans called it "**black music**" and "**race music**" since 1940. In 1947 a marketing music impresario and native from New York, **Jerry Wexler**, changed the name to **Rhythm & Blues**. This musical style contributed greatly to the development of **Rock 'n' Roll** in the early 1950's, which also have roots in New Orleans, Chicago, Texas and California.

SOUL MUSIC: A marriage between sacred (*gospel*) and secular music as **Ray Charles** invented it.

ZYDECO MUSIC: This is the style of music played by *Creoles* of color in Acadiana. The principal instrument is the accordion, and it is accompanied by washing boards played with a metallic nail. The word **zydeco** is believed to have derived from the French word "**harricots**" for string beans, popular in *Cajun* foods.

8

GOBIERNO ESTATAL Y LOCAL

"Unión, justicia y confianza"

(Lema del estado de Louisiana)

Se dice que por su estado de pobreza, división política y distribución de la riqueza, el estado de Louisiana es el que más se parece a cualquier país del Caribe o de la América Latina. Ciertamente, las divisiones geográficas y políticas son muy similares, no sólo en el nombre sino también en la práctica, a aquéllas establecidas en toda la América española.

Gallier Hall, el sitio de la Alcaldía por más de un siglo, sobre St. Charles Ave.

8

STATE AND LOCAL GOVERNMENT

"Union, Justice and Confidence"
(Louisiana State Motto)

It is said that because of its poverty, political divisions and wealth distribution, the state of Louisiana is very similar to any other country in the Caribbean or in Latin America. To be sure, physical and political divisions are very similar not only by name but in practice, to those established throughout the Spanish Americas.

Louisiana State Court of Appeals on Royal St.

LOUISIANA, EL CARIBE DEL NORTE

CAPITOL=CAPITOLIO: Es el edificio donde se reúne la asamblea legislativa del estado; se encuentra en *Baton Rouge*.
(Se dice: **cápitol**).

CITY HALL=ALCALDÍA: Edificio donde se encuentran las oficinas del alcalde (**mayor**) de la ciudad y todas las oficinas bajo su dependencia. Situado en New Orleans en la calle Loyola con Poydras. (Se dice: **síti jól**)

CONGRESSMAN = CONGRESISTA O REPRESENTANTE ANTE EL CONGRESO de los Estados Unidos: Elegido cada dos años; su oficina está en Washington D.C. Representa los intereses de su distrito. (Se dice: **congress-man**).

COUNCILMAN = CONCEJAL O REPRESENTANTE ANTE EL AYUNTAMIENTO O CONCEJO DE LA CIUDAD: Elegido cada cuatro años. Su oficina está en el *City Hall*.
(Se dice: **cóncil-man**)

GOVERNOR = GOBERNADOR: Es la autoridad ejecutiva mayor del estado; elegido cada cuatro años. Su oficina y residencia oficiales están localizadas en Baton Rouge, la capital del estado.
(Se dice: **góvernor**).

MAYOR= ALCALDE: Elegido cada cuatro años, aunque las elecciones no coinciden con las del gobernador. Hay alcaldes en las ciudades de diferentes parroquias, aunque algunas ciudades tienen un Presidente del Concejo. Quizá el alcalde más conocido en el estado de Louisiana es el alcalde de la ciudad de New Orleans, que pertenece a la *parroquia* de Orleans. Dicho sea de paso, en el estado de Louisiana, la parroquia de Orleans es la única que tiene una sola ciudad: New Orleans   (Se dice: **méiyor**).

LOUISIANA, THE CARIBBEAN OF THE NORTH

CAPITOL: This is the building where the State Legislature meets; located in *Baton Rouge.*

CITY HALL: Building where the offices of the Mayor and city departments are located. This building is located on Loyola and Poydras Streets.

CONGRESSMAN: A representative elected to serve in the Congress of the United States. This person is elected every 2 years; his/her office is located in Washington D.C. This person represents the interests of his/her Congressional district.

COUNCILMAN: A representative elected to serve in the City Council, elected every 4 years. His/her office is located in the City Hall.

GOVERNOR: This person holds the main executive authority in the State; he/she is elected every 4 years. Her/his office and residence are located in the Governor's Mansion *Baton Rouge*, the capital of the State.

MAYOR: this person is elected every 4 years, but this election does not coincide with that of the Governor. Every city has its own Mayor, but in some they have a Council President. Perhaps the best known is the Mayor of New Orleans, which belongs to the Orleans *parish.* It should be remembered that Orleans Parish is the only one that has only one city: New Orleans.

NOPD = NEW ORLEANS POLICE DEPARTMENT = DEPARTAMENTO DE POLICIA DE NEW ORLEANS. Las diferentes ciudades tienen su propio Departamento de Policía. El de New Orleans es el NOPD (Se dice: **en-ó-pi-di**).

Dillard University, en Gentilly Blvd.

NOPD = NEW ORLEANS POLICE DEPARTMENT: Different cities haves their own police department. The police department of the city of New Orleans is called NOPD.

Tulane University on St. Charles Av.

9

INSTITUCIONES DE EDUCACIÓN SUPERIOR

"Desperdiciar la inteligencia es una cosa lamentable"
(Lema del United Negro College Fund)

La lista de instituciones educativas que se presenta a continuación no está en orden alfabético sino en el orden del año de su fundación. Debe recordarse que la educación ha sido parte muy importante en la vida de los residentes de esta ciudad desde sus orígenes. Un grupo de seis monjas de la congregación Ursulina llegó desde Francia en el año 1727, con la misión de educar a las jovencitas que serían las futuras esposas de la recién establecida comunidad de hombres inmigrantes, en su mayoría franceses y españoles. Por otro lado, la población negra no tenía acceso a ninguna forma escolar ya que, con muy pocas excepciones, eran esclavos, y aun siendo "gente libre de color", no tenían los mismos derechos que los ciudadanos blancos. Sin embargo, después de la abolición de la esclavitud, la discriminación de los negros continuó y la educación era bastante limitada. Con el paso de los años, la apertura de instituciones de educación superior exclusivas para gente negra se convirtió en una realidad. Hoy en día se conoce a estas instituciones como "Universidades Históricamente Negras" (*HBCU*).

9

HIGHER DUCATIONAL INSTITUTIONS

"A mind is a terrible thing to waste"
(United Negro College Fund Motto)

This list of educational institutions is not in an alphabetical order, but in the order of the year they were established. It should be remembered that education has been a very important part in the lives of the city residents since its origins. A group of six Ursuline nuns arrived from France in 1727, with the mission to educate the young ladies that were to marry the recently established immigrant men. On the other hand, the black population did not have access to any form of education, since, with a few exceptions, most blacks were slaves, and even those "free men of color" did not have the same rights as their white counterparts. After the abolition of slavery, however, blacks continue to be discriminated against and their schooling was very limited. Eventually, as years passed, the opening of institutions of higher education for black people became a reality. These institutions are known today as Historically Black Colleges and Universities (*HBCU*).

EL "COLLEGE" Y LA UNIVERSIDAD

TULANE UNIVERSITY OF LOUISIANA: Empezó en 1834 como el **Colegio Médico de Louisiana**; fué la primera institución educativa que confirió títulos en medicina y ciencias en la historia de Louisiana y del Suroeste del país. Su mayor contribuyente fue **Paul Tulane**, quien en 1882 donó sus propiedades en New Orleans para la construcción de la Universidad. Su campo universitario principal está en *St. Charles Ave.* Es una institución privada. (Se dice: **tuléin iunivérsity**)

Nota: Desde 1918 hasta 2006, el campo universitario de Tulane fue también el sitio de **NEWCOMB COLLEGE**, que fue establecido en 1886. Este fue el primer "college" dentro de una universidad en el país, y el primero en ofrecer títulos académicos a las mujeres. La madre de **Sophie Newcomb**, **Josephine Louise Newcomb**, fundó este "college" en su honor, ya que Sophie murió siendo aún una niña de 15 años. En la actualidad hay un debate legal para mantenerlo activo. (Se dice: **niúcomb cólesh**).

LOYOLA UNIVERSITY OF THE SOUTH: Tiene su origen en una academia preparatoria establecida por los padres Jesuitas in 1840. **Loyola College** fue fundado por estos padres **Jesuitas** en 1904 en la localidad actual. En 1911 hubo una reorganización de estas escuelas jesuitas, y la **Universidad Loyola** se establece como la casa de educación superior, que ya en 1912 empieza a funcionar como tal. El campo universitario principal está en *St. Charles Ave.* Es la universidad católica más grande del Sur. Es una institución privada. (Se dice: **loióla iunivérsity**)

LOUISIANA STATE UNIVERSITY: Desde sus orígenes en Pineville, LA, en 1860 como **Louisiana State Seminary of Learning and Military Academy**, este centro educativo se ha desarrollado en un sistema estatal con 7 campos universitarios en diversas localidades del estado. La sede principal está localizada en *Baton Rouge.* Las facultades de Medicina y Odontología se encuentran en New Orleans, en sedes separadas. Es una institución estatal. (Se dice: **luisiana steit iunivérsity**).

COLLEGES AND UNIVERSITIES

TULANE UNIVERSITY OF LOUISIANA: Established in 1834 as the **Medical College of Louisiana**; this was the first educational institution conferring degrees in medicine and sciences in the history of Louisiana and the Southeast of the country. Its main contributor was **Paul Tulane**, who in 1882 donated his properties in New Orleans for the construction of the University. The main campus is located on *St. Charles Ave*. It is a private institution.

Note: Since 1918 and until 2006, the Tulane University campus was also the site for **NEWCOMB COLLEGE**, which was opened in 1886. This was the first college inside a university in the country, and the first to offer academic degrees to women. It was opened by **Josephine Louise Newcomb** to honor her daughter **Sophie Newcomb**, who died when she was 15 years old. A legal battle is ongoing to keep the college open.

LOYOLA UNIVERSITY OF THE SOUTH: In 1840, this originated as a preparatory academy established by the **Jesuits**. **Loyola College** started in 1904 in its present-day location on *St. Charles Ave*. In 1911 the Jesuit schools were reorganized, and **Loyola University** was created as a higher education institution; in 1912 it begins to function as such. This is the largest catholic university in the South. It is a private institution.

LOUISIANA STATE UNIVERSITY: Since its origins in Pineville, LA in 1860 as **Louisiana State Seminary of Learning and Military Academy**, this educational center has developed into a state-wide system with 7 campuses in diverse areas. The main campus is located in *Baton Rouge*. Medical and Dental Schools are located in New Orleans in separate campuses. It is a state institution.

DILLARD UNIVERSITY: Proviene de dos instituciones originales que se unieron bajo este nombre. La primera se estableció en 1869 como **Straight University**, fundada y mantenida por la **American Missionary Association of the Congressional Church**, de New York. En 1869, la **Freedman's Aid Society of the Methodist Episcopal Church**, estableció la **Union Normal School**. Esta última cambió de nombre a **New Orleans University** en 1873. En 1930, ambas se unieron para formar una empresa cooperativa que se denominó **Dillard University**. El nombre de Dillard proviene del **Dr. James H. Dillard**, quien fue profesor de la *Universidad de Tulane* y luego fue el administrador del John F. Slater Fund, establecido para ayudar en el desarrollo educativo y social de la raza negra. Finalmente, en 1935, **Dillard University** comenzó sus programas académicos como institución independiente con su sede en *Gentilly Blvd*. Esta es otra institución *HBCU*. Es una institución privada. (Se dice: **dílard iunivérsity**).

SOUTHERN UNIVERSITY: Establecida originalmente en New Orleans en 1880, con dos departamentos: **Agricultura y Mecánica**. Su estudiantado aumentó mucho y en 1921 la relocalizaron en Baton Rouge, donde fue reorganizada de nuevo. En 1974 el **Sistema de Southern University** fue establecido con tres sedes: la principal en Baton Rouge (**SUBR**), otra en New Orleans (**SUNO**), y otra en Shreveport (**SUSLA**). *HBCU*. Es una institución estatal. (Se dice: **sódern iunivérsity**).

XAVIER UNIVERSITY: Fundada en 1915 por las **Hermanas del Sagrado Sacramento,** una Orden de mujeres católicas dedicadas a las misiones entre los negros e indios nativos. Es una Universidad predominantemente para estudiantes de ascendencia africana. (*HBCU*). Está localizada en Palmetto y Pine St. en New Orleans. Es una institución privada. (Se dice: **séivier iunivérsity**).

NEW ORLEANS BAPTIST THEOLOGICAL SEMINARY: Establecido en 1917 bajo el nombre de **Baptist Bible Institute**, tomó su nombre actual en 1946 por disposición de la **Convención Bautista Sureña**, la cual es propietaria y controla la institución. El seminario está localizado en *Gentilly Blvd*. Es una institución privada. (Se dice: **nuórleans báptist zioló-yical séminary**).

DILLARD UNIVERSITY: Two original institutions were united under this name. The first institution was founded in 1869 as **Straight University**, founded and supported by the **American Missionary Society of the Congressional Church**, of New York. In 1869 the **Freedman's Aid Society of the Methodist Episcopal Church** established the **Union Normal School**. In 1873, this school changed its name for that of **New Orleans University**. In 1930, these two former schools merged to form a cooperative enterprise that they called **Dillard University**. The name Dillard was selected to honor **Dr. James H. Dillard**, who was a *Tulane University* professor and had become the administrator of the John F. Slater Fund, stablished to help in the educational and social development of the black people. Finally, in 1935, **Dillard University** began its academic program as an independent institution. This is an *HBCU* private institution. Its campus is located on *Gentilly Blvd.*

SOUTHERN UNIVERSITY: It was originally chartered in New Orleans in 1880, with two departments: **Agricultural and Mechanical**. It was relocated as it expanded and by 1921, operating in Baton Rouge, it was reorganized. In 1974 the **Southern University System** was established with three campuses, keeping the main one in *Baton Rouge* (**SUBR**), one in New Orleans (**SUNO**) and another in Shreveport (**SUSLA**). It is a *HBCU* state institution.

XAVIER UNIVERSITY: Founded in 1915 by the **Sisters of the Sacred Sacrament**, Order of Catholic women dedicated to the missionary work among the black people and the native Indians. It is a Historically Black College and University (*HBCU*), students are predominantly of African American ancestry. Located on Palmetto and Pine St. It is a private Institution.

NEW ORLEANS BAPTIST THEOLOGICAL SEMINARY: Organized in 1917 under the name of **Baptist Bible Institute**, changed to the present name in 1946 as a mandate of the **Southern Baptist Convention**, who owns and controls the Institution. It is located on *Gentilly Blvd.* and it is a private institution.

DELGADO COMMUNITY COLLEGE: Abrió sus puertas en 1921, como una **escuela técnica-vocacional**, donde se enseñaban los principios de construcción, ebanistería, albañilería, carpintería y mecánica automotriz. Fue una de las escuelas más completas de este tipo en el país. Posteriormente evolucionó a una escuela de carreras técnicas de 2 años en el campo médico: ayudantes de enfermería, técnicos en radiología, dentistería, y similares. Hoy ofrece carreras de 4 años. Su benefactor principal, **Isaac Delgado**, sefardita de origen español, que llego de Jamaica a residir en New Orleans a finales de los años de 1800. Delgado era un hombre de negocios y filántropo, y en 1909 donó los primeros fondos para la apertura de la escuela. La sede principal del *college* está localizada en el *City Park*. Funciona con fondos de la ciudad.
(Se dice: **delgado comiúnity cólesh**).

UNIVERSITY OF NEW ORLEANS: Establecida en 1956 como una extensión de *LSU*, hoy en día funciona con fondos separados. La sede principal está localizada frente al *Lago Pontchartrain*. Es una institución estatal. (Se dice: **iunivérsity ov núórleans**).

URSULINE ACADEMY: ACADEMIA DE LAS URSULINAS: Aunque esta academia no es de educación universitaria, merece mencionarse aquí porque es la **escuela para niñas más antigua en operación** de la ciudad, y de los Estados Unidos. Empezó desde 1727 como una escuela para señoritas europeas y posteriormente, para sus hijas, en el 1114 Chartres St, donde funcionó por 90 años. Hoy está situada en el 2734 Nashville Ave. Las monjas *Ursulinas* educaron allí a personajes como la **Baronesa de Postalba** así como también a niñas más humildes. (Se dice: **úrsolin académy**).

DELGADO COMMUNITY COLLEGE: It opened its doors in 1921 as a **vocational and technical school (trade school)** for the teaching of basic construction, cabinet making, masonry, carpentry, and automotive mechanics. It was one of the most comprehensive schools of this type in the country. It evolved into a 2- year school for technical careers in medical fields: nurse technician, radiology technician, dentistry technician, and similar professions. Today, the school offers 4-years careers in a diversity of fields. The main benefactor of the School was **Isaac Delgado**, a sephardic Spanish descendant, who was a business man and philanthropist. He arrived in New Orleans from Jamaica in the 1800's, and in 1909 donated the first funds to open the school. The main campus is located in the *City Park*. It is partly funded by the City of New Orleans.

UNIVERSITY OF NEW ORLEANS: Established in 1956 as an extension of *LSU*, it operates as a separate institution with its own funding. The main campus is located in front of the *Lake Pontchartrain*. It is a state institution.

URSULINE ACADEMY: This is not a university, but an **elementary** and **high school**. However, it deserves to be mentioned because it is the **oldest continously-operating school for women** in the city and in the United States. It began in 1727 at 1114 Chartres St., as a school for the european young ladies and later for their daughters. It operated at the same locality for 90 years. Today, the school is located at 2734 Nashville Ave. The Ursuline nuns have educated important people such as the **Baronesse de Pontalba**, as well as girls from the less priviledged homes.

NOTAS ACLARATORIAS

La diferencia entre un *college* y una *universidad* consiste en el tipo de carrera y el número de años de enseñanza que ofrecen estas instituciones. El *college* ofrece carreras de cuatro años, de pre-grado (**undergraduate**) y generalmente en áreas de artes y letras, con muy pocas opciones en el área de ciencias. La *universidad* ofrece carreras de pre-grado (**Bachelor degree**) y/o de grado (**graduate degree**), tales como maestría (**Master degree**) y doctorado filosófico (**Ph.D. degree**) en disciplinas diversas que incluyen las ciencias y las letras. Así, la universidad ofrece carreras que pueden tomar hasta 7 años o más para graduarse. En la mayoría de los países latinoamericanos, el concepto de *college* como institución post-secundaria no existe; el termino "**colegio**" es tradicionalmente asociado con la escuela secundaria. La educación superior en general se le llama educación universitaria. (Se dice: **andergrádueit; grádueit; digríi; cólesh; iunivérsity**).

BACHELOR'S DEGREE= BACHILLERATO: este grado académico no es equivalente al Bachillerato que se obtiene al final de la educación secundaria en América Latina. En los Estados Unidos, es un grado que se obtiene después de completar un programa de no menos de 4 años en un *college* o *university*; al igual que el que se obtiene en las universidades latinoamericanas. Es un diploma de estudios de pre-grado. Los hay en el área de Artes y Letras (**Bachelor of Arts & Letters**), que incluye Bachillerato en: Lenguas, Ciencias Sociales, Economía, Filosofía; y en el área de Ciencias (**Bachelor of Sciences**) que incluye Biología, Matemáticas, Química, Física, Enfermería y Salud Pública. (Se dice: **báchelor's digrí; báchelor-ov-árts-an-leters; báchelor-ov -sáins**).

MASTER'S DEGREE =MAESTRÍA: Grado o título académico que otorga la *universidad* a una persona que ha completado cierta área de estudios después de haber terminado el ciclo universitario reglamentario y un Bachillerato universitario. En el mundo académico y profesional, un título como este significa que la persona que lo obtuvo se puede considerar con un nivel elevado de "experto" en la materia. Hay maestrías en muchos campos académicos. (Se dice: **máster's digrí**).

EXPLANATORY NOTE

The difference between a *college* and a *university* comes down to basically the type of career and the number of years of study offered by these institutions. A *college* offers 4 years **undergraduate** careers, generally in the fields of arts and letters, with very few options in the science fields. A *university* offers **undergraduate and graduate** careers, such as *Master* and *Ph.D.* in a diversity of disciplines that include the arts, the letters and the sciences. Thus, a university offers programs that can last up to 7 or more years. The concept of *college* as a post-secondary institution does not exist as a separate entity in most of the Latin American countries, where the term **colegio** is traditionally associated with a high school. Higher education in those countries is offered primarily in universities.

BACHELOR'S DEGREE: This academic degree is awarded to a person who has completed a program of not less than 4 years in a *college* or *university*. It is an undergraduate program, and they are in different fields. A **Bachelor of Arts & Letters** includes: Languages, Social Sciences, Economics and Philosophy. A **Bachelor of Sciences** includes Biology, Mathematics, Chemistry, Physics, Nursing and Public Health. It is not equivalent to the high school "**Bachillerato**" (**diploma**) granted by Latin American high schools.

MASTER'S DEGREE: An academic degree conferred by a university upon a person who has completed a prescribed course of studies beyond the *Bachelor's degree*. In the academic and professional world, such a title means that the holder graduated from a *university* with a high level of "expertise" in a particular field. There are Master's degrees in many fields.

Ph.D. = DOCTOR OF PHILOSOPHY= PHILOSOPHICAL DOCTORATE = DOCTORADO FILOSÓFICO: Título académico así llamado porque se asume que las personas que obtienen este grado máximo de educación no solamente obtienen conocimientos profundos sobre una materia, sino que también pueden filosofar acerca de ella. En otras palabras, pueden pensar más allá de lo que los libros les enseñaron. Se les considera expertos en esa área.   (Se dice: **pi-éich-dí; filosófical doctorait**).

HBCU = HISTORICALLY BLACK COLLEGE AND UNIVERSITY. *College* y *Universidad* Históricamente Negra. Se abrieron para la educación de gente negra. Esta fue la respuesta a las políticas de segregación y discriminación a las que los estudiantes negros estaban sujetos cuando, y si acaso, eran admitidos en otras instituciones. Hay 105 instituciones educativas de este tipo en le país, casi todas en los estados sureños.
(Se dice: **éich-bí sí-iú; istoricali black colesh an iuniversiti**).

Ph.D. = DOCTOR OF PHILOSOPHY = PHILOSOPHICAL DOCTORATE: This degree is so called because it is assumed that the person who obtained this higher academic education not only has deep knowledge of a particular topic, but can also think philosophically about it. In other words, this person can think beyond what the books taught her/him. These people are considered "real experts in their field".

HBCU= HISTORICALLY BLACK COLLEGE AND UNIVERSITY: *Colleges* and *universities* opened for the education of black people, as an answer to the policies of segregation and discrimination that black students suffered in other schools, if and when they were admitted. There are 105 HBCU institutions in the country, most of them in the Southern States.

10
LAGNIAPPE

En el vocabulario local de New Orleans, esta sola palabra carga el peso de nuestra diversidad cultural, porque somos *'un poquito más'* que blancos, *'un poquito más'* que negros, *'un poquito más'* que hispanos, africanos, asiáticos o europeos. Incluso el medio ambiente en New Orleans tiene *'un poquito más'* de lo que se puede ver.

Así, la comida moderna en la ciudad ya no es estrictamente *creole* o *cajun* o *sureña*. Hoy en día encontramos comida que puede ser: **creole-china (Chinese crawfish tails)**; **creole-japonesa (sushi crawfish roll)**; **creole-latina (pupusas rellenas de crawfish)**. También hay **cajun-latina (tacos picantes de crawfish, camarones** o **pescado)**, y hay comida **sureña-judía**, que incluye elementos de ambas tradiciones. Visite algunos de los restaurantes locales, que casi nunca aparecen en las guías turísticas, para comer una gran variedad de platos "**creolizados**" o "al estilo de New Orleans". Algo que llama la atención de los visitantes, es encontrar que algunas de las tradiciones religiosas están "salpicadas" de la cultura local. Así, usted podrá encontrar que algunas personas de religión judía, islámica o de cualquier otra religión no cristiana, celebra la tradición del *mardi gras*, que tiene sus orígenes parciales dentro del paganismo y luego fue modificada por el cristianismo. Esto incluye el consumo de la rosca de reyes, de *crawfish*, de camarones, y la tradición de comer pescado los viernes.

En cuanto al medio ambiente, Louisiana en general, y New Orleans en particular, están lejos de cumplir con los requisitos de calidad. El agua por ejemplo, que viene del *río Mississippi*, arrastra una cantidad desmedida de materiales contaminantes así como otros ya contaminados, que en su mayoría no se eliminan con un simple proceso de clorinización o hervido. Por tanto es recomendable no consumir el agua que baja por el grifo.

10

LAGNIAPPE

In the local patois of New Orleans, this word alone carries the weight of our cultural diversity, for we are *'a little more'* than white, *'a little more'* than black, *'a little more'* than Hispanics, Africans, Asians or Europeans. Even the environment in New Orleans has *'a little more'* than meets the eye.

Modern food in the city is not strictly *Creole* or *Cajun* or *Southern*. Today, we can find hyphenated foods that could be classified as **Creole-Chinese (Chinese crawfish tails)**; *Creole-Japanese* (**sushi crawfish roll**); **Creole-Latin (crawfish pupusas)**. There is also **Cajun-Latin (spicy crawfish, shrimp** or **fish-tacos)**, and **Southern-Jewish cuisine**, which includes elements of both traditions. Visit some of the local restaurants, those that are not written about in the tour guides, if you want to eat a great variety of dishes that have been '**Creolized**', or prepared 'New Orleans style'. Visitors are often surprised to find that the local culture has managed to 'taint' some of the religious traditions. Thus, you can find that some people that are of Jewish, Islamic, or of any other non-Christian religion, celebrate the *Mardi Gras* tradition, which originated in part in the Christian religions. These include eating *king cake*, *crawfish*, and *shrimp* and *catfish* on Fridays.

As for the natural environment in Louisiana in general and New Orleans in particular, it is far from being healthy. Water, for example, which comes from the Mississippi River, carries an immeasurable amount of pollutants and polluted materials, which cannot be eliminated with a simple process of chlorination or by boiling the water. Thus, it is recommended that you do not drink tap water.

La compra de agua procesada se ha convertido en una obligación, sobre todo en los hogares donde hay niños y ancianos, quienes son en general más susceptibles a estos contaminantes. La contaminación del aire es notoria en el estado. Una gran variedad de partículas que circulan en el aire son responsables de un amplio espectro de problemas de salud, como afecciones respiratorias tales como enfermedades pulmonares, bronquitis crónica y ataques de asma, así como muerte prematura del corazón y cáncer de los pulmones.

Y finalmente, nuestra política. Algunos dicen que se basa en las tradiciones europeas de leyes, clase y condición económica que aún prevalecen en los hilos sociales de ésta ciudad. Otros dicen que se debe al deseo de estar allá arriba con los controladores del poder. Cualquiera que sea la razón, la política en Louisiana, y particularmente en New Orleans, puede ser tan "fangosa" como los *crawfish* que comemos sus habitantes. Para afirmar este punto, basta echar una mirada al sistema legal: es una combinación del sistema continental europeo (**Código Civil Napoleónico**) y del sistema anglo-americano (**Common Law**) que se usa en otros estados. ¡Ningún otro Estado de la Unión tiene que lidiar con este hecho!

Buying processed or purified water has become the norm, particularly in those homes with children or senior citizens, who are generally the most susceptible to those contaminants. Air pollution is notoriously bad in the state. There is a great variety of solid particles circulating in the air we breathe. These particles are responsible for a great spectrum of health problems, including respiratory problems such as lung diseases, chronic bronchitis and asthma, as well as premature death from heart diseases or lung cancer.

And, finally, our politics. Some say it is based on the inherited European traditions of rule of law, class, and economic status that prevail in the social threads of this city. Some say it is based on the eagerness to be up there with the power-control crowd. Whatever the reason, politics in Louisiana and particularly in New Orleans, can be as "muddy" as the *crawfish* we eat. To be sure, the legal system alone is a combination of the Continental European Civil Law (**Code Napoleon**) and the Anglo-American **Common Law** Systems. No other State in the Union has to deal with this fact!

EXPRESIONES POPULARES

Aquí se incluyen palabras, nombres y expresiones peculiares que aún se pueden escuchar entre algunos de los ciudadanos más viejos, blancos y negros.

"Behind every great man is his mama" = **"Detrás de cada gran hombre está su mamá"**: En New Orleans esta es una expresión favorita, que significa que la madre, no la esposa, es la persona más influyente en un hombre. (Se dice: **bijáind evry gréit man is jis má-ma**).

"Don't be no stranger now…": Regresa pronto.
(Se dice: **dont bi no strén-yer nao**).

"I go by my maw-maw":Pasaré por donde mamá.
(Se dice: **ái gó bái mái máw-maw**).

"Joie de vivre" : Alegría de vivir. (Se dice: **yué de vívr**).

"Jump-da-broom" = **"Brincar la escoba"**: parte de la ceremonia matrimonial, una tradicion originaria de Ghana, y adoptada por algunos esclavos en las Americas. Implica limpieza para un nuevo comienzo, como lo es el matrimonio. (Se dice: **yómp da brúm**).

"Née" = **"Nacida"** = Palabra francesa que significa el nombre de soltera de una mujer, quien ahora usa el de casada. (Se dice: **né**).

"Sounds like a winner to me!" : ¡Es una gran idea!
(Se dice: **sáunds láik a wíner tu mí**).

"Suck da head, squeeze da tip" = **"Chupe la cabeza, estripe la punta"**. La forma de comer los *crawfish*. (Se dice: **soc da géd, skuís da tip**).

The **"gowman"** = El **"gowman"** = era una figura mitológica que aparecía en el cementerio del vecindario St. Roch. Se escondía en las ramas de los grandes árboles de roble que crecen en el cementerio. A los vecinos se les advertía no caminar por allí de noche, porque este hombre, que vestía un abrigo blanco, se aparecía por ahí y asustaba a la gente. (Se dice: **da gáwman**).

"Y'o-to-be" :Deberías estar… (Se dice: **yó-tu-bí**).

POPULAR EXPRESSIONS

Included here are words, names and peculiar expressions that can still be heard among some of the oldest citizens, black and white.

"Behind every great man is his mama": In New Oerleans, this is a favorite expression that means that the mother, not the wife, is the most influential person in a man's decisions.

"Don't be no stranger now…: Come back soon…

"I go by my maw-maw": I'll stop at my mother's place.

"Joie de vivre" ; Joy of living.

"Jump-da-broom": Part of the wedding ceremony, this is a tradition from Ghana, in Africa, and was adopted by some slaves in America. The ceremony implies a clean, new begining such as a married life.

"Née": Was born as…Used particularly when refering to a married woman's maiden name.

"Sounds like a winner to me!": It's a great idea!

"Suck da head, squeeze da tip": the way to eat crawfish.

The **"gowman"**: This is a mytological figure that appeared in the area near the St. Roch cemetery. Neighbors were warned not to walk by that place at night, because the "gowman" wearing a white coat, would appear and scared them to death!

"y'o-to-be" =You ought to be.

LOCAL	ENGLISH	SPANISH	SOUND IN SPANISH
A-E-MEN	Amen	Amen	(éi-men)
AR-ZE-RI-DIS	Arthritis	Artritis	(ar-ze-rái-dis)
EARL	Oil	Aceite	(érrl)
ESTA I-LAND	Easter Island	Isla Easter	(ísta áy-land)
ERSTERS	Oysters	Ostras	(eírs-ters)
GAWD	God	Dios	(gá-od)
HI-AH-VER	However	Sin embargo	(jai-é-ver)
LAH-EEO-LA	Loyola	Loyola	(la-i-ó-la)
MAW-MAW	Grandmother	Abuela	(máa-ma)
MARRAINE	Godmother	Madrina de bautismo	(má-rein)
PARRAINE	Godfather	Padrino de bautismo	(pá-rein)
POH-LIZ	Police	Policía	(póo-líss)
'TEE (TANTE)	Auntie	Tia (tiíta)	(tíi)
ZE-A-DER	Theater	Teatro	(zi-ái-der)

RECCOMENDED READINGS AND RESEARCH PLACES
Words blow away with the wind. What is writen, stays.

LECTURAS RECOMENDADAS Y SITIOS DE INVESTIGACION

Las palabras se las lleva el viento. Lo escrito, escrito está.

The following books, newspapers, magazines and tourist guides have a great amount of information about New Orleans and Louisiana in general. Almost all these resources are writen in English, with very few exceptions. Public and private libraries can be consulted for more sources.

Los siguientes libros, periódicos, revistas y guías turísticas, contienen una enorme cantidad de información acerca de New Orleans y Louisiana en general. La mayoría de estas fuentes están en inglés, con pocas excepciones. Consulte las bibliotecas públicas y privadas para mayor información.

Chez Helene. "House of Good Food" Cookbook. By Austin Leslie. De Simonin Publications. New Orleans, LA.1984.
[Famous recipes of the now extinct Chez Helene Restaurant, compiled by the last chef and owner, Austin Leslie].
[Las recetas más famosas del antiguo y extinto restaurante Chez Helene, recopiladas por su conocido cocinero y último dueño, Austin Leslie. En inglés].

Cooking Country Cajun. Basic Acadian Cooking from the True Acadian Country of Louisiana. By Bobby Potts. Express Publishing Co., Inc. New Olrleans, LA. 1989
[Recipes and commentaries on cajun foods].
[Recetas y comentarios sobre la comida acadiana. En inglés].

Lagniappe. Weekly free newspaper, it publishes all social and entertainment agenda of the city and sorrounding places.
[Periódico semanal que sale los viernes. Dedicado a las noticias de los eventos sociales y de entretenimiento de New Orleans y alrededores. En inglés. Gratis].

Leon Galatoire's Cookbook. By Leon Galatoire. Pelican Publishing Company. Louisiana. 2003.
[Recipes from Galatoire's Restaurant].
[Recetas del Restaurante Galotoire. En inglés].

Louisiana. Comprising Sketches of Parishes, Towns, Events, Institutions, and Persons, Arranged in Cyclopedic Form. Edited by Alcee Fortier. 3 Volumes. Century Historical Association. 1914.
[These 3 volumes have all types of information about the parishes and towns of Louisiana].
[Estos 3 volúmenes contienen definiciones de las parroquias, los pueblos, los eventos, las instituciones y las personas de Louisiana. Estan ordenados en forma de enciclopedia. En inglés].

Louisiana: A Guide to the State. Compiled by Workers of the Writer's Program of the Works Projects Administration in the State of Louisiana. American Guide Series. Hasting House. New York. 1941.
[An old tour guide with information about the past and present of the state of Louisiana. It describes the historic origins of the state, its natural history, sciences, theatre, music, parishes, and many places of interest].
[Esta es una vieja guía que contiene información sobre el pasado y presente del estado. Relata desde los orígenes históricos del estado hasta la historia natural, las ciencias, el teatro, la música, y las diferentes parroquias y lugares de interés. En inglés].

Louisiana Almanac. 2002-2003 Edition. Edited by Milburn Calhoun. Pelican Publishing Company. Gretna, Louisiana. 2002.
[This Almanac has all types of current information, which is updated every year].
[Este Almanaque de Louisiana contiene información actualizada sobre el estado. Cada año hay una nueva edición con información reciente. En inglés].

Louisiana Places. A Collection of the Columns from the Baton Rouge Sunday Advocate 1960-1974. By Clare D'Artoise Leeper. Legacy Publishing Company. Louisiana. 1976.

[The book is a compilation of columns that, under the title Louisiana Places, were previously published in the newspaper *Sunday Advocate* of Baton Rouge, from 1960 until 1970].

[Este libro es una recopilación de columnas que, bajo el título de *Louisiana Places*, habían sido previamente publicadas en el periódico de Baton Rouge *Sunday Advocate*, desde 1960 hasta 1970. Describe lugares de interés en las diferentes parroquias. En inglés.]

Louisiana Tours. A Guide to Places of Historic and General Interest. Where to Go, How to Go, What to See. By Stanley Clisby Arthur. Harmanson, Publisher. Louisiana. 1950.

[An old guide of historic places with maps and hand-made ink sketches of 32 old plantation homes].

[Esta vieja guía de lugares históricos contiene mapas y diseños a pluma de 32 casas de viejas plantaciones del Estado. En inglés].

New Orleans City Guide. Written and compiled by the Federal Writer's Project of the Works Progress Administration for the City of New Orleans. The American Guide Series. The Riverside Press Cambridge. Massachusetts.1938.

[This old book, not in circulation, is more than a tour guide; it has historical information as well as information about recreational places, economy, and social development, music, recipes, and favorite dishes].

[Aunque es un libro viejo, este es más que una guía turística, pues contiene información histórica, así como información sobre lugares de recreación, economía y desarrollo social, música, recetas de platos favoritos, etc. En inglés].

New Orleans Creole Cuisine. Compiled by Pamela B. Hodson, Home Economist Orleans Parish, LSU Cooperative Extensión Service with the Chamber/New Orleans and the River Region Cooperating. June 1981.

[Creole food explained by the compiler and published for free distribution. Samples may be found in public libraries or at LSU Cooperative Service].

[La cocina creole, explicada por la recopiladora, publicado en folletín especial de la Extensión de Servicio Cooperativo de LSU. En inglés. No esta en circulación, podría existir algún ejemplar en bibliotecas públicas o en la Cooperativa de LSU].

The Dooky Chase Cookbook. By Leah Chase. Pelican Publishing Co. Gretna, Louisiana. 1990.
[More than a recipe book, this is a cultural resource, since it describes old family traditions. It includes the best recipes taht made famous the Dooky Chase restaurant].
[Este libro incluye algunas de las mejores recetas que hicieron famoso el restaurante Dooky Chase. El libro tiene además valor cultural por cuanto describe algunas de las tradiciones familiares pasadas. En inglés].

The Encyclopedia of Cajun and Creole Cuisine. By Chef John D. Folse. Chef John Folse and Company, Gonzalez, Louisiana. 2004.
[History of the settlers of the area, from Native Americans to Italian immigrants during the 1800s. With lots of recipes, there are also commentaries on family traditions, origins of foods, etc.].
[Historia de las gentes que se asentaron en estas areas de Louisiana, desde los indios nativos, hasta los inmigrantes italianos durante los años de 1800. Tiene además de recetas comentarios sobre tradiciones familiares, origen de los alimentos, y más].

The Evolution of Cajun and Creole Cuisine. By Chef John D. Folse. Chef John Folse and Company, Donaldsonville, Louisiana. 1990.
[History of the settlememnt and development of Acadians, their Cajun and Creole foods].
[Historia del asentamiento y desarrollo de la gente acadiana y sus recetas cajun y creole. En inglés].

The French Quarter. An Informal History of the New Orleans Underworld. By Herbert Asbury. Garden City Publishing Co., Inc. New York 1938.
[This "informal history" of the city and its peculiar ways is writen with an air of certainty and ridicule. Some historic facts are well described, while others

appear as legends that circulated the city from mouth-to mouth, with certain true elements and others too astonishing to be real: difficult to prove, difficult to deny. Out of print, but there are samples in public libraries].

[Esta "historia informal" de la ciudad y sus peculiaridades esta escrita con cierto aire de certeza y con cierto aire de burla. Algunos hechos históricos están bien descritos, otros aparecen como leyendas que recorrieron la ciudad de boca en boca, con ciertos elementos verdaderos, con otros realmente sorprendentes para serlo: difíciles de comprobar, pero difíciles de negar. Fuera de impresión, solo hay ejemplares en algunas bibliotecas locales. En inglés].

The National Register of Historic Places in Louisiana. Department of Culture, Recreation and Tourism. Office Program Development Division of Archeology and Historic Preservation. Louisiana. 1981.
[This small state publication has specific information about historical places in every Parish].
[Este folletín editado por el estado, contiene información específica sobre lugares históricos de cada una de las parroquias. En inglés].

The Tabasco Brand Cookbook. 125 Years of America's Favorite Pepper Sauce. By Paul McIlhenny and Barbara Hunter. Clarkson Potter Publishers. New York. 1993.
[History of the Tabasco Factory, along with recipes prepared with the sauce].
[Historia de la fábrica y recetas con la salsa. En inglés].

The Times Picayune. Local daily newspaper. Can be accessed via Internet.
[Diario local. Puede consultarlo también por Internet.En inglés con algunas secciones en español en ediciones especiales.]

Jean Lafitte National Historical Park and Preserve: 419 Decatur St., New Orleans.
Louisiana Office of Tourism, several locations in the city.
Louisiana State Museums, several locations in the city.
Midlo Center for New Orleans Studies, University of New Orleans.
New Orleans Public Libraries, several locations in the city.
The Historic New Orleans Collection, 533 Royal St., New Orleans.

NOTA POSTERIOR AL HURACÁN KATRINA

Este libro estaba listo para su publicación antes de que el Huracán Katrina llegara a New Orleans el 29 de agosto de 2005. Toda la información relativa a la cultura, comida, vecindades y universidades, geografía y política locales, se investigó y se recolectó durante los años 2002 a 2004, visitando bibliotecas y museos locales, en conversaciones y entrevistas personales con gente local, visitas a restaurantes y otros lugares que se mencionan en el texto, fotografías de tantos materiales y sitios como fue posible.

La Ciudad ha cambiado considerablemente después de que el Huracán Katrina desplazara a muchos de sus residentes locales y foráneos que ya se habían establecido en esta localidad desde muchos años antes de la devastación. Después de la destrucción de tantos lugares conocidos, de la inundación de vecindarios enteros, la necesidad de publicar esta enciclopedia bilingüe, que presenta las peculiaridades culturales de la ciudad de New Orleans, se hace más aparente en este momento, como una manera de preservarlas y al mismo tiempo para explicarlas a los nuevos residentes que se han asentado en nuestra ciudad, ya sea en forma temporal mientras ayudan en la reconstrucción de la misma, o porque deciden establecerse de forma permanente en este nuevo medio ambiente. Cualquiera que sea el caso, es evidente que ahora la cultura de esta maravillosa ciudad que olvidó "el que dirán" necesita exponerse claramente para salvaguardarla tan íntegra como sea posible, con las características que ha tenido a través de tantos años.

POST-KATRINA NOTE

This book was ready for publication before Hurricane Katrina landed in New Orleans on August 29, 2005. All the information pertaining to the culture, food, neighborhoods and universities, local geography and local politics, was researched during the years 2002 - 2004, by visiting local libraries and museums, personal conversations with locals, visits to restaurants, visits to places mentioned in the text, and by photographing as many of the researched materials as possible.

After Hurricane Katrina displaced so many of the residents, both locals and expatriates, that settled here for several years prior to the devastation, which resulted in the destruction of many landmarks and the destruction of complete neighborhoods, the City has change considerably. The need to publish this bilingual encyclopedia that introduces the cultural peculiarities of the City of New Orleans became more apparent now, as a way to preserve them as well as to explain them to the newcomers that have settled in our City, either because they are temporarily living in the area while helping in its reconstruction, or because they decided to permanently settle in this totally new environment. Whatever the case, it is clear that now, more than ever before, the cultural makeup of this wonderful "City that care forgot" needs to be explained in order to preserve it as close to what it has been for so many years.

ACERCA DE LA AUTORA

María Elena Amador nació en San José Costa Rica, donde recibió su educación primaria, secundaria y universitaria. Vino por primera vez a New Orleans como estudiante graduada de Tulane University. Allí recibió un Master of Sciences en Biología, así como el Ph.D. en Biología, con especialidad en Ecología Tropical. Ha enseñado en diversas universidades de New Orleans, es autora de publicaciones científicas, editora y traductora de numerosas publicaciones científicas y no científicas. Es co-autora de varios manuales de frases y vocabulario de inglés-español para trabajadores hispanos, publicados en California. También ha enseñado seminarios bilingües a personal de hoteles, administradores y empleados generales que desean o necesitan aprender "el otro idioma". En años recientes, obtuvo un Master en Bibliotecología y Ciencias de la Información, y actualmente trabaja en una universidad local privada, donde enseña Metodología de Investigación.

La autora ha tenido siempre fascinación por los idiomas diferentes, el origen y los usos tradicionales de las palabras, la cocina local y la buena comida. Es ciudadana "transplantada" de New Orleans por mas 30 años, y con orgullo llama "su hogar" a New Orleans. Ávida viajera, ha viajado literalmente por todo el mundo. Sin embargo, sus rincones favoritos están en New Orleans.

ABOUT THE AUTHOR

María Elena Amador was born in San José Costa Rica, where she received her primary, secondary and undergraduate university education. She first came to New Orleans as a graduate student at Tulane University. She received her Master's degree in Biology and a Ph.D. degree in Biology with a specialty in Tropical Ecology at Tulane University. She has taught at various universities in New Orleans and she is the author of scientific publications, editor and translator of numerous scientific and non-scientific publications. She is the co-author of several manuals of English-Spanish phrases and vocabulary for Hispanic workers published in California. She has also conducted bilingual seminars in English and Spanish for hotel workers, administrators and general employees who wanted or needed to learn the "other language". Recently, she earned a Master's degree in Library and Information Science from Louisiana State University. She currently works at a local private university, where she teaches Information Literacy.

She has always had a fascination for different languages, the origins of words and their traditional usage, local cuisine and good foods. She has been a transplanted New Orleanian for over 30 years and proudly calls her home New Orleans. She is an avid traveler and has literally traveled all over the world. But, her favorite streets are in New Orleans.

Everything you always wanted to know about the wonderful city of New Orleans:

Folklore   Celebrations   Cuisine   Neighborhoods   Music   History

Todo lo que siempre quiso saber sobre la maravillosa ciudad de New Orleans:

Costumbrismos   Celebraciones   Cocina   Vecindarios   Música   Historia

---

A must read if you are going to let "les bons temps rouler" in New Orleans!
Florence Smythe-Macaulay. M. A. in Education.

¡Una lectura obligada si va a dejar "que corran los buenos tiempos" en New Orleans!
Florence Smythe-Macaulay. M. A. in Education.

This encyclopedia presents, in English and in Spanish, the traditional mannerisms and language that feed the soul and make the heart of New Orleans beat. The creativity of this book will guide the reader into an encounter with the exclusive terminology of the city. The author includes the historic background of the city naturally and with simplicity, without pretending to resolve the incompatibilities that may exist.

Julia E. Patiño, Ph D in Spanish

Esta enciclopedia presenta, en inglés y en español, las costumbres y el lenguaje tradicionales que hacen palpitar el corazón y alimentan el alma de New Orleans. La creatividad de esta obra guiará al lector a un encuentro con la terminología exclusiva de la ciudad. La autora incluye el fondo histórico de la ciudad con naturalidad y sencillez, sin tratar de resolver las incompatibilidades que puedan existir.

Julia E. Patiño, PhD in Spanish

U.S. $19.95

ISBN 978-1-4401-2283-5

90000

9 781440 122835

www.iuniverse.com